熱狂顧客戦略

「いいね」の先にある熱が伝わるマーケティング・コミュニケーション

トライバルメディアハウス
高橋遼
TAKAHASHI RYO

MarkeZine BOOKS
SE SHOEISHA

ブックデザイン
水戸部 功

序章

「熱狂」が企業の未来にもたらすもの

マーケティングにおける「狩猟・農耕・宗教」の時代

日産自動車コーポレート市場情報統括本部の高橋直樹氏は、２０１１年の日本マーケティング協会の基調講演で、マーケティングは「狩猟の時代」から「農耕の時代」へ、そして「宗教の時代」へ入ったと解説した。かつて、商品を作れば売れるという時代があった。マスメディアを通じて多くの人たちに新しい商品の情報を伝えれば買ってもらえた時代だ。言い換えると、空には多くの鳥が飛んでいて、その鳥を撃ち落とすかのごとくマーケティングを行っていた。この鳥を、我々は「ターゲット＝標的」と呼び、鳥たちが多く飛んでいるところにスコープを合わせて狩りをしていた。これが「狩猟の時代」のマーケティングだ。

そうやって開拓した新規顧客の売上だけでなく、既存顧客によってもたらされる売上も大きいことに企業が気づくと、一度買ってくれた人に次もまた買ってもらうためにはどうしたらいいかというＣＲＭの考え方が生まれた。それが「農耕の時代」だ。

新規顧客をハンティングする一方で、未来の顧客を育てるために、収穫の前にきちんと土壌を作り、種を撒き、育てていく。そうしなければ、来年や再来年の収穫は得られない。

そして次から次へと新商品が登場し、もはや製品の性能が生活者のニーズをはるかに超えたところで企業が競争をしている時代になった。そうなると、いかに高価でハイスペックなモノに囲まれて暮らすかよりも、どんなブランドと生活を共にしたいか、何を選べば忙しい生活がより快適で豊かなものになるかという「宗教の時代」に移行していった。モノがあふれ、どの製品を選んでもさほど大きなスペックの差を感じなくなった現代において、企業は顧客に選ばれる存在になるためにはどうすればいいかを考える必要が出てきたのだ。

既存顧客を重視する「農耕の時代」以降、企業は顧客をいかに囲い込むかに注力するようになっていく。顧客構造をピラミッドで表現すると上位2割の顧客から売上の多くがもたらされる。この人たちを「ロイヤルカスタマー」と位置づけ、次回も買ってもらえるようにクーポンを提供したり、ポイントがたまればたまるほどおトクになるといった施策によって顧客の囲い込み合戦が行われるようになった。牧場のように柵をはりめぐらし、そこから出られないように閉じ込めておけば、ゆっくりと草を食べてそこで眠り、一日中その中にいてくれるだろうという発想である。だが実際にはどうだろう。たとえば東京で大型の家電製品を買おうと思ったら、たいていビックカメラやヤマダ電機、ヨドバシカメラを思い浮かべるのではないだろうか。3社ともポイントカードを発行しているから、どこで買ってもポイントがたまるし、「これでいいや」と思ったらその店で買いたいときもある。ポイントをためるためにストイックに行動している人もいるが、企業がこしらえた柵を気にせず消費行動をしている人も多い。

スマホとSNSが変えたもの

柵を作って囲い込みたいという企業の思惑は、そうしなければ顧客が逃げてしまうのではという自信のなさの表れとも言える。企業は常に顧客をコントロールしようとしてきた。新商品の情報からブランドのロゴや製品デザイン、広告イメージに至るまで、情報をコントロールすることで自分たちのブランドがいかに優れているのかを伝えようとしてきた。しかしそうしたブランド戦略は、すでに変更を余儀なくされている。スマホが普及した現代において、消費者はいつでも好きなときに情報を取得することができる。企業の公式情報だけでなく、SNSで交わされるユーザーどうしの会話の中でブランドのレピュテーション（評判）が形づくられ、あらかじめ用意されたブランドの提供価値や信頼が企業は予想もしていなかったような遊びの中で更新されていく。こうした動きはすでに10年以上前から始まっていた。

TIME誌は年末にその年を象徴する人物を表紙に掲載することで知られているが、2006年12月に表紙を飾ったのはデスクトップPCだった。そのディスプレイには「YOU.」と一言表示されていた。「あなたが主役ですよ」というメッセージである。その下には、“Yes, you. You control the Information Age. Welcome to your world.”という言葉が添えられた。情報時代の主役はマスメディアではなく個人であると宣言したのだ。

芸能人やセレブが一般大衆への影響力の中心にいることは今も変わらないが、ユーチューバーやインスタグラマーなど、特定のプラットフォームで数百万、数千万規模のフォロワーを抱える人々がそこに加わった。そしてライブ動画を視聴しながら、あるいはインスタグラムの写真投稿から商品を購入することがシームレスに可能となった。

インフルエンサーだけでなく、商品を買った人たちがＳＮＳやブログに感想を投稿したり、まとめサイトでそれらが参照されるようになると、その商品を買おうか検討している人たちの意思決定に影響を及ぼしていく。商品は、作り込まれた美しい広告ビジュアルの中に鎮座するのではなく、人々の生活の中に置かれ、溶け込みながら存在感を放っている。そのシーンはスマホで撮影されたフレッシュな写真として投稿され、「いいね」が集まり、拡散されていく。そこには、かつて企業が一部メディアにだけ提供していたオフィシャルなコンテンツとＵＧＣ（User Generated Content）が混ざり合った状態が生まれており、企業はイメージを管理しつつも、消費者の自由な情報拡散をむしろ歓迎するようになっていった。

企業と顧客の新しい関係

本書のテーマである「熱狂顧客戦略」はコミュニケーションの「熱量」に注目する。企業は長いこと、広告で「顧客をどう踊らせるか」を考えてきた。しかし、マスメディアを通じた一方向的なコミュニケーションが双方向に変わり、企業と消費者が直接つながるようになってくると、商品を提供している企業と消費者のどっちの熱量が高いのかが見えてしまうようになった。口には出さなくても「仕事なのでやりました」という商品と、「こういう商品を作りたくて、試行錯誤してやっとできました!」という商品とではその特徴の伝え方も変わる。

その一方で、まったく異なるアプローチで熱量を伝えようとしている企業がある。新規とリピートという断続的な購買行動をさらにシームレスなものにするため、「生活に欠かせないインフラ」「問題を解決してくれるサービス」として、人々の生活の中へ入っていく。たとえば、スタートトゥデイやアマゾンのように。スタートトゥデイが発表した「ZOZOSUIT」は、ボディスーツを着用してユーザーが自分の身体のサイズを企業に共有する。そのデータは、ファッションECにおけるサイズ選びや着心地などの不安を解消し、「あなただけの服」を安価に手軽に実現する。そしてスタートトゥデイは今後そのデータからどんどん新しいサービスを提案してくるだろう。

アマゾンは、ECというカテゴリーに収まることなく、レジなし店舗「Amazon Go」やスマートロックで不在時の宅内配送を可能にする「Amazon Key」といったサービスを開始している。「身体の詳細なサイズデータを企業に提供する」「自宅のカギを信頼できる業者が開けられるようにする」こうした利便性は、これまでなら心理的なハードルが高く、なかなか受け入れられなかっただろう。しかし、テクノロジーによってセキュリティを高め、不正をすればそのエコシステムから排除されるレビューやレーティングシステムが機能することによって、こうしたサービスは一気に心理的、物理的な距離を詰めてくる。これまで常識と思っていたことを人々があっさり捨てたとき、そこにビジネスのフロンティアが生まれる。それを可能にするのは、「今までにない新しいサービス」「自分も使いたい」「こういうのを待っていた」と一瞬で理解させるコンセプトと最小限のメッセージ。そして、「これすげー！」とボタンを押させる熱狂だ。

新しいサービスはある日突然、世の中にアナウンスされ、驚きと共に情報がネットを駆けめぐる。iPhoneをはじめ、新しいデバイスやサービスが熱狂と共に迎えられ、普及していくのを僕たちは何度も見てきた。どのように人々の心を捉え熱量を高めるか。そこに、これからも多くの企業がチャレンジすることになるだろう。人の心の奥にまで届く熱狂と、多くの人々に伝搬していく熱量。ここに着目することで、従来のマーケティングファネルの考え方もその形も変わる。ビジネスのスピードも、企業と顧客の関係も変わっていく。

「熱狂」や「熱量」という少し暑苦しい言葉を通して、これまで見落とされてきたことに光を当て、新しい関係性を見出すこと。それが成熟しきった日本のマーケティング環境において、マーケティングが本来の姿を取り戻すためのヒントになると僕は信じている。

２０１８年１月
高橋　遼

目次

序章　「熱狂」が企業の未来にもたらすもの……iii
マーケティングにおける「狩猟・農耕・宗教」の時代……iv
スマホとSNSが変えたもの……vi
企業と顧客の新しい関係……ix

第1章　本当に大切な顧客は誰か……1
ビリー・ジョエルは彼の本当のファンを大切にすることに決めた……2
感情が見える化した社会……5
熱狂を突破口にする……7
世の中に大きなブームが成立しない時代……10

第2章 変わる企業と顧客との距離 17
「会話」の時代の距離感 18
ヤッホーブルーイングという会社 20
社内のカルチャーと2つの「宴」 24
ビールで「ささやかな幸せ」を届けたい 28

第3章 顧客という存在を捉え直す 31
「神様」から「友達」へ 32
マーケティング担当者の目標と顧客の優先度 34
売上と顧客の関与度 37
熱量の高い顧客とは 40
感情から見た顧客構造 43
column 熱狂顧客の代表性 47

ブランドへの愛と購入量を分けて考える 50
いちばん真剣に商品を見ているのは 52

第4章 顧客がもたらす価値 55

日常におけるブランドとの特別な絆 56
「ほぼ日手帳」はどんな存在なのか 57
消費者は消費をするだけの人ではなくなった 62
column ハッシュタグと文脈 66
顧客の「資産」と「価値」 71
企業のマーケティングパートナーとしての顧客 78

第5章　動いていく「真実の瞬間」 81
ホールフーズ・マーケットの苦境を救ったもの 82
「真実の瞬間」を求めて～ZMOTからTMOTまで～ 85
ZMOTに影響を与える「Third Moment of Truth」 89
唯一無二の強みは何か 92
アマゾン、ネスレの顧客戦略 95

第6章　熱量を高めるループを設計する 101
熱量を高めるプロセス 102
ステップ1：心の中にある壁を超える（4つのハシゴ） 104
ステップ2：心の中に火を灯し続ける 110
column　インスタグラムで有名になった詩人 114
ステップ3：熱を伝える 115

心を動かす琴線スイッチ　119
column　消費者がブランドとつながりたいと思う動機　123

第7章　顧客に関する指標　127
成長率と相関性の高い指標「NPS」　128
顧客の熱量を測定する「熱狂度」　133
「推奨意向度」でポテンシャルを把握する　136
変化するマーケティングファネルの形　138
column　想起集合について　140

第8章　調査データで見る業界別・顧客熱狂度　141
熱狂顧客比率　142

熱狂的推奨者比率 146
自動車業界における熱狂顧客率と成長率 149

第9章 熱量のある組織 153
社内に「熱」はあるか 154
従業員エンゲージメントとは 157
スターバックスの「ブラックエプロン」 160
組織を支える4つの柱 162

第10章 先進事例に学ぶ 167
CASE1：ソニーマーケティング「熱狂している社員と顧客の出会いを」 168
CASE2：@cosme store「お客様中心で行けるところまで行く」 174

CASE3：北欧、暮らしの道具店「ほんのり好き、という状態を作る」……180
CASE4：カゴメ「18万のファン株主に見守られ、開かれた企業を目指す」……186
おわりに　誰も知らない明日へ……192

第1章

本当に大切な顧客は誰か

ビリー・ジョエルは彼の本当のファンを大切にすることに決めた

これまで、数々のヒット曲を世に出してきたビリー・ジョエルは2014年のビルボードのインタビューで、「ライブの最前列の席をもう何年も売っていない」と語っている。[※]

ビリー・ジョエルはあるとき、ライブの最前列にはいつもお金持ちで、女性をはべらせている観客が並んでいることに気づいた。彼らは葉巻をふかし、「さあ、楽しませてくれ」と言わんばかりの態度で、ライブの間は立ち上がって騒ぐこともない。ステージに近い席のチケットは転売されて高額になるため、リッチな人々の比率が高くなってしまう。しかし、そんな人たちを目の前にして歌っているうちに、彼は本当に自分の曲を好きで聴いてくれるファンはどこにいるんだと思い始めた。

アーティストの姿は豆粒のようにしか見えなくても、会場を満たすその音楽を楽しみ、立ち上がって歓声をあげる。ライブの高揚感はそうした多くのファンから生まれる。前方の席を買えるほど経済的に余裕はないけれど、アーティストに会いたい、遠くからでも楽しみたいと思って会場にやってくる人たちがいる。そのことに気づいてから、彼は最前列のチケットを販売するのをやめた。そして、会場の入口にスタッフを配置して、後ろの方のチケットを手にしてやってきたファンの何人かに、サプライズで最前列のチケットと交換しませんかと申し出ることにしたのだ。

声をかけられたファンの気持ちは、ここに書かなくてもわかるだろう。申し出の主は誰あろう、ビリー・ジョエル本人なのだ。驚き、うれしさのあまり泣いてしまうかもしれない。予想もしなかった最前列の席に座ったファンは、おそらく目の前でピアノを弾くビリー・ジョエルの姿を目に焼き付けながら、「一生ファンでいるよ」と思ったのではないだろうか。そして、心底喜んでいるファンを前にしたアーティスト自身も、深い喜びを感じたに違いない。

本書のテーマである「熱狂」のひとつがここにある。一瞬かもしれないその感情が、アーティストとファンの間に強いつながりを生み、ライブの後も続いていく。このエピソードはアーティストの粋な対応というだけで終わる話ではない。アーティスト自身も、自分にとっての本当のファンは誰か、彼らがどこにいるのかに気づいたのだ。

ブランドにとって、本当のファンはどういう人なのだろう。さらに、あなたのブランドのことを本当に好きなファンは何人いるのだろう。それを知らずに、とにかく買わせるためだけにマーケティング活動をしているとしたら、ブランドの本当にあるべき姿を見誤ってしまう可能性があるのではないだろうか。

※"Backstage with Billy Joel: The Billboard Cover Story Interview(Exclusive)"Ray Waddell
https://www.billboard.com/articles/news/5893751/billy-joel-exclusive-backstage-cover-story-interview-qa-madison-square-garden

感情が見える化した社会

企業にとって本当に大切な顧客を見つけ出し、「あなたたちを大切に思っています」と伝えるという当たり前のことが、いま難しくなっているように感じる。これまではテレビＣＭ、新聞、雑誌などを通じてターゲット層に企業がメッセージを伝えてきた。そのコミュニケーションは一方向的で、その影響力は主に認知度や購買を調査することで把握する（実際には、ハガキや電話などを通じて現在より手間はかかるが双方向のコミュニケーションは存在していたのだが）。

しかし、スマホの画面を覗くことが可処分時間の大半を占め、ソーシャルメディアでのコミュニケーションが日常的になった現代では、双方向のコミュニケーションがスムーズかつスピーディに実現可能になった。そのような情報環境の中で、企業が多くの時間と予算をかけて制作したＣＭが、本来の意図とは異なる受けとめ方をされて炎上し、お蔵入りになるケースも出てきた。これまでは可視化されることのなかった

ＣＭを見た人の「感情」がＳＮＳなどを通じて即座に明らかになる時代になったのだ。

地震が起きたとき「ゆれた？」とツイートするように、情報発信のハードルが下がれば下がるほど、ネットにはそれまで現れることのなかった様々な言葉があふれ出す。そのとき思ったことをすぐに共有できるというＳＮＳの即時性は、感情というリアルタイムな情報を載せるのに最適だ。「カワイイ」「おもしれー！」「なにこれ？」といったコメントが投稿され、「いいね」やシェア、リツイートなどの反応が起こる。そして、同調する人、反発する人など、様々な思いがネットに交錯する。このようにＳＮＳ上では、何かしらの身の回りの〈刺激〉に対する〈反応〉が現れる。著名人の発言や企業の不祥事、ウケるコンテンツだけでなく、今日食べたおいしいもの、街で見かけたカワイイもの、ウザい出来事に対する反応だったりする。

近年、音楽ビジネスはＣＤなどのパッケージビジネスから、ライブやフェスなどの興行にビジネスの重心を移行し始めている。毎年、新潟県の苗場で開催される日本最大級のロックフェス、フジロックフェスティバルなどはまさに「熱狂」の聖地と言えるだろう。ＣＤが売れない時代、人はその場でしか味わえない経験にお金を使うようになっている。このライブやフェスも、アーティストの音楽が〈刺激〉となって、オーディエンスの熱量が〈反応〉としてSNSで共有される。多くの人と同じ時間を共にしながら音楽を楽しむその体験を求めて、毎年参加する人も多い。フジロック好きな人たちの中では、フジロックを「元旦」と呼び、会場を訪れて「あけましておめでとう」とツイートしている人もいる。そしてイベントが終わるころには「フジロス」という言葉がツイッター上で多く見られるようになる。

熱狂を突破口にする

大勢の人がひとつの場所に集まってなにかに熱中し、心を震わせる瞬間。それが人々に与える一体感。こうした状態はリアルな空間だけでなく、ネット上でも形作られるようになってきた。たとえば、ネットのテレビ局「AbemaTV」だ。2017年5月に行われたボクサー亀田興毅に一般人が挑戦する番組企画ではアクセスが殺到し、サーバーがダウン。そして11月に、解散したＳＭＡＰのメンバー３人が３日間ぶっ続けで出演する「72時間ホンネテレビ」では国民的アイドルの新たな姿を多くの人に印象付けた。

AbemaTVを見ていると、コメントが次々と投稿されていく。1周年記念スペシャルライブのひとつである三浦大知のライブ中継のときは、その声のなめらかさを「ニベアみたい」と書き込む人たちがいて、それに「ニベアw」「ニベアってなに？」と反応が起きる場面もあった。会場にいる人たちの楽しみ方、ネットで見ている人たちならではの楽しみ方がある。たわいもないコメントが、街を歩きながら、あるいは電車の中で、スマホの小さな画面でライブを見ている人にも楽しさを伝えてくれる。

AbemaTVの番組制作・編成を担当している藤井琢倫氏は開局1周年に際して、次のように語っている。

今はみんなが見ているメディアが全然違う。学校で「あの番組見た？」と話題になるようなマスコンテンツは作れないだろうなという感覚を持っています。

AbemaTVはわざわざアプリを開かせないといけない。強いモチベーションにつながるコンテンツを編成しないと、そこまでたどりついてもらえません。アプリをタップさせるのは、僕の感覚だとものすごくハードルが高いことです。強いモチベーションを生むために、オリジナル番組の制作でもチャンネル編成でも、若い人、かつコアなジャンルの熱狂的なファンという層を意識しています。実際、広く浅いマス層をねらってまったく成果を得られないというのをこれまでたくさん経験してきました。

（MarkeZine定期誌 ２０１７年5月号、翔泳社）

トラディショナルなテレビと比べられることの多いAbemaTVだが、両者にはひとつ大きな違いがある。テレビはスイッチを入れればすぐに番組を見られるが、スマホは違う。人気アプリであっても、スマホのホーム画面ではひとつのアイコンに過ぎない。ＬＩＮＥやフェイスブックといった人気サービスのアイコンが並ぶ中で、AbemaTVのアイコンをタップしなければその番組を見ることができない。ユーザーの指先がアイコンに触れる瞬間に思いをめぐらせたとき、そこに必要なものは、アイコンをタップして番組を見たいと思うユーザーの熱量であり、コアなジャンルの熱狂的なファン層を捉えることこそがゴールデンルートにつながることに気づいたのだろう。

いま、こうした「熱狂」を突破口にしていこうとしている人たちがいる。リアル／ネットを問わず、感情や熱量、これがすごく好きだという気持ちにフォーカスすることは、「失われた熱を取り戻そう」「昔のように血の通ったコミュニケーションを」という話とは違う。この時代になにかを伝えようとするときに大切な視点であり、現代のスピード感に合った情報伝達をも可能にしてくれると思うのだ。

世の中に大きなブームが成立しない時代

ここで少し自分自身のことにも触れておこう。僕が生まれたのは1983年。東京ディズニーランドが開園し、任天堂からファミコンが発売された年であり、「キン肉マン」のアニメ放送が開始され、キン消しブームが起こったのもこの頃だ（当然僕の記憶にはないが）。

僕が育ったのは鳥取県の片田舎だが、初めて買ったＣＤはMr.Childrenの「Tomorrow never knows」で、ソニーのカセットウォークマンに録音してひたすらその歌声を聴いていた。そしてコロコロコミックで『ダッシュ！四駆郎』の連載を読み、親にエンペラー（グレートエンペラーだったかもしれない）を買ってもらって肉抜き（軽量化）して走らせていた。小学生のときにＪリーグが開幕し、それまで夢中だった野球をやめて、サッカーボールを蹴ることに熱中した。ドーハの悲劇のときは本当に涙が出るほど悔しかったし、カルビーのＪリーグチップスをひたすら買ってもらって、カズのカードが出たときは飛び上がるほどうれしかったのを覚えている。中学生になるとナイキのエアマックスが爆発的に流行し、僕の生む町でも「エアマックス狩り」が起こっていた。ちょっとファッションに興味が出てきたころには、ジーンズの流行と共にリーバイス５０１ＸＸがその王道を走っていた。いずれも自分で買えるような値段ではなかったが。

僕は、世の中に大きなブームが到来し、老若男女とまではいかないが、その世代のほとんどが虜になるぐらいの社会現象が成立したのは、僕が中学生ぐらいまでだったのではないかと記憶している。極端に言うと、自分は「社会がひとつのブームに乗っかることが成立した最後の世代」なのではないかとすら思う。そうしたブームを支えていたのは雑誌やテレビなどのマスメディアだった。しかし、それらの媒体が一時ほどの力を持ちえないことに誰もが気づいている。『明日の広告』などの著作で知られ、幅広い領域でコミュニケーションのあり方を考えてきた「さとなお」さんこと、佐藤尚之さんのブログで、以前こんなエントリを見つけた。

「テレビCMでモノが売れた時代って本当にあったんですか?」
2013年7月25日(木)7:09:28

いま、ボクは「さとなおオープンラボ」というのをやっていて、有志で集まっていろいろ研究しているのだけど、昨晩のラボ後、まだ社会に出て数年目の女性から質問があったですよ。

「あの、、テレビCMが効いた時代ってホントにあったんですか?」

「ん？」

「さとなおさんは『情報洪水以前に比べてテレビＣＭが格段に伝わりにくくなった』っておっしゃいましたが、テレビＣＭが効いてモノが売れた時代って本当にあったんですか？　私、想像つかなくて……ＣＭ見てモノを買うって本当にあり得るんでしょうか？」

……一瞬絶句。

当然のように「ＣＭは元々とても効いていた」という前提で講義を進めてしまっていたけど、そうか、その前提自体が共有できてない世代がもう社会人か……

ここまで素直に疑義を呈されると「そういえば効いてた時代ってどんなだったっけ？」と遠い目になる。いまでもやり方と使い方を変えれば効かせることができると思っているけど、その根拠がふらりと揺らぐ。そうか、想像つかないか……

サンプル数はひとりだけど、でも、これが意外といまの20代前半の「普通の生活者としての実感」なのかもしれないなぁ。

情報洪水以前の、まだ新情報が喜ばれたころの「CMの絶大なる威力」を知っている世代としては愕然とするけれど、これはこれで素直に受け止めなきゃいけないし、いろいろ示唆に富んでいるのでシェアします。

というか、最近CMソングの流行とか格段に少なくなったね。

テレビの影響力は低下したとはいえ、依然として大きな力を持っている。これはソーシャルメディア上の反応を見ても明らかだ。しかし、このときのさとなおさんの衝撃を、おそらく僕たちも、これから様々な局面で感じることになるだろう。いずれ「グーグルで検索、そんなこともやってたね」という時代もやってくるはずだ。

博報堂生活総合研究所が2017年6月に発表した調査レポート「こども20年変化」[※]にはこんな指摘があった。1997年、2007年、2017年の10年ごとで小中学生の新商品への関心を比較すると、「流行に関心がある」は65・7%↓60・6%↓55・4%と下がっており、「新しい商品が出るとすぐほしくなることが多い」は56・4%↓50・4%↓41・6%といずれも過去最低を記録した。長く続く、社会全体を覆うような大きなブームから流行やヒットソングが生まれる代わりに、瞬間的に世界に広がる流行りネタやお遊びが日々生まれては消え、熱量の高いコミュニティや局所的なムーブメントは、そこでしか共有しえない体験を紡いでいく。そうした情報と熱量が行き交う渦の中で、企業は顧客と近い距離感でのコミュニケーションが求められていく。その距離感の変化に企業のコミュニケーションはしっかり追いついているだろうか。

※「こども20年変化」博報堂生活総合研究所
http://www.hakuhodo.co.jp/uploads/2017/06/20170608_2.pdf

第2章

変わる企業と顧客との距離

「会話」の時代の距離感

企業が顧客と直接向き合いながら、コミュニケーションをとる機会も増えてきた。たとえば、企業が開催するファンミーティングのようなイベントだ。使っている商品について参加者が語っているとき、同席している企業のマーケティング・広報担当者に「せっかくですし、お客様と話してみてはどうですか?」と声をかけることがある。しかし彼らは「とんでもない。私は後ろで見ているので大丈夫です」と、遠慮がちに柱の陰に隠れてしまう。こういうシーンを僕はこれまで何度も見てきた。

自社製品を好きになり、楽しんでいる人が目の前にいるのに、なぜか企業の担当者は顧客と交わることを恐れてしまう。自分はあくまでも黒子であるという自覚がそうさせるのだろうか。その一方で「お客様から何を聞かれるかわからない」「企業のおもてなしとして失礼なことがあってはならない」という思いも少なからずあるだろう。ところがファンの声を聞いてみると、「もっと企業の担当者と話したい」「製品開発の裏話を聞きたい」と言ってくれることが多い。このミスマッチ、なんとかできないものだろうかといつも思う。

企業が出すプレスリリースや運営している自社サイト、ソーシャルメディアの公式アカウントで流す情報は、あらかじめ整えられたストーリーが用意されている。企業と消費者の距離が遠い時代には、あらかじめ用意されたステートメントで対応していればよかったのかもしれない。しかし、いま多くの人たちが時間を費やしているSNSで実際に行われているのは「会話」的なコミュニケーションだ。かつてフェイスブックが日本に上陸したばかりのころ、同社のエヴァンジェリストたちは「フェイスブックではユーザーたちは会話をしています。マーケターはその会話の中に加わってコミュニケーションをする必要があります」と説いていた。当時、それはひとつの比喩だったのだが、AIが進化した今、人々はチャットボットと会話し、スマートスピーカーに話しかける。企業と消費者のコミュニケーションは、より会話に近づき、気軽なものになっている。「お客様に失礼があってはならない」という考えを重視して、すべてのコミュニケーションをコントロールすることはますます難しくなりつつある。

ヤッホーブルーイングという会社

企業と顧客のコミュニケーションを考えるうえで、ひとつのヒントを与えてくれる会社がある。長野県に本社を置くクラフトビールメーカー、ヤッホーブルーイングだ。その躍進ぶりはすでに半ば伝説となっている。同社は「エールビール」と呼ばれる、日本では少数派だが多彩な味わいを持つビールを提供している。スーパーやコンビニでも手軽に買えるようになってきたので、読者の中にはファンの人もいるかもしれない。1997年に長野県軽井沢町で創業し、看板製品は「よなよなエール」。製造量と販売量は全国で200以上といわれるクラフトビールメーカーの中でもダントツ。2005年以降、現在まで増収増益を続けている（2017年11月現在）。

しかしヤッホーブルーイングは、かつて8年連続で赤字だったことがある。創業当時は、いわゆる「地ビールブーム」の真っ只中で、造れば売れるという状態が続いていた。しかし、2000年ごろにブームが下火になると、それまでひっきりなしにかかってきた注文の電話がまったく鳴らなくなり、商品を催促されていた問屋からも「もういらないよ」と言われるようになってしまった。何をやってもうまくいかない冬の時代に突入し、それは5年間も続いた。しかし、２００４年に転機が訪れる。開店したものの長年休業状態だった「よなよなエール楽天市場店」をテコ入れし、ネット通販に本格的に力を入れ始めたのだ。手掛けたのは現在の代表取締役社長の井手直行氏である。

当時の井手氏はネット通販の未経験者で右も左もわからず、当然、デザインなどのスキルもない。藁をもつかむ思いで「楽天大学」に入学し、「楽天市場」へ出店する人向けに様々なノウハウを伝授してくれる講座に参加した。そこで受けたアドバイスについて、井手氏は自著で次のように振り返っている。

「デザインと中身、どっちが大事かといったら、断然、中身なんです。せっかく井手さんがビールに対する思いや、ビールの製品知識などをお持ちなのであれば、それを伝えた方がいい。見てくれは悪くても、お店の特徴やこだわりを伝えた方がいいんです」

恥ずかしながら目からウロコだった。でも考えてみれば的確なアドバイスなんです。

『ぷしゅ よなよなエールがお世話になります』（井手直行 著、東洋経済新報社）

講座から帰宅した井手氏は、家でパソコンを立ち上げ、最初のメールマガジンを書き始める。取り上げた商品は、当時「英国古酒」という名前で売っていた、長期熟成させた香りの高い個性的なビール（現在の商品名は「ハレの日仙人」）。小売店では扱う店舗がなかった1本3000円のこの商品をネットで売ろうと決めた井手氏が商品ページを作り、メルマガを送信すると、数時間後にはビックリするほどの注文が入っていたという。これが、ヤッホーブルーイングの快進撃の始まりとなった。

手ごたえを感じた井手氏は、その後もメルマガを大量に書いて情報を発信し続ける。その中で、ビールのうんちくや醸造設備のことを伝えると読者の反応が良く、「ポイント2倍キャンペーン」といった情報は反応が薄いことがわかってくる。

やっぱり、他社がやっていることをマネしても仕方がないのかもしれません。

「夏の暑い夜は『よなよなエール』で！」なんてのは……誰でも書けるんです、こんなもの。

一方、評判が良かったビールのうんちくや、醸造設備のことは「僕が書きたいこと」で、同時に「僕にしか書けないこと」だったんです。だから、文章が上手かどうかはともかく、心を込めて書きました。

（前掲書）


ジェットコースターのような浮き沈みの中で苦闘し、批判を浴びながらもギリギリの判断と試行錯誤の末に状況が好転すると、大逆転劇が始まる。周囲には、井手氏を見出した星野リゾート代表の星野佳路氏をはじめ、卓越したビジネスの才能の持ち主がいて、彼らに支援されたりバトルをしたりしながら前へ進む井手氏の覚悟とエネルギーと行動力は、読んでいて圧倒される。ヤッホーブルーイングの快進撃は奇跡の連続のようにも思える。だが、状況を変えたきっかけのひとつは楽天大学の講座だった。誰にでも門戸が開かれている講座に飛び込んで、ひとつひとつ気づいたこと、できることを全力で実行していったのだ。その井手氏の姿が、この本でいちばん印象に残る部分かもしれない。

社内のカルチャーと2つの「宴」

ヤッホーブルーイングの取り組みから学ぶことはたくさんある。僕が所属するトライバルメディアハウスは、同社の協力を得てその活動の根幹を成すものや、独自のカルチャーを観察し分析してきた。ヤッホーブルーイングでは、代表の井手氏はもちろん、社員どうしもニックネームで呼び合うことで知られている。それは社員だけでなく顧客も同じだ。何百人もいる顧客であってもニックネームで呼ぶことで、その人の顔が浮かぶ。社内では「まるケンはこのビール喜んでくれるかな」という会話に自然となっていくという（ニックネームには「さん」を付けずに呼ぶ）。

一方、顧客も、軽井沢へ来たついでにふらりと醸造所を訪ねてくれたり、社員と一緒にマラソン大会に出場したり、自発的にオリジナルのグッズを作って送ってくれる人までいるという。トライバルメディアハウスが主催する「熱狂ブランドサミット」に登壇した、ヤッホーブルーイングＦＵＮ×ＦＡＮ団の団長をつとめる佐藤潤氏からは、こうしたエピソードが尽きることなく出てくる。同社は、こうした顧客との近い距離感から生まれるやり取りを「密着プレー」と呼ぶ。「企業の人間だから」「お客様だから」という固定観念が、ていねいだがちょっと距離を置いたコミュニケーションを生むのに対して、ヤッホーブルーイングは密着プレーで一気にその距離を詰めていく。顧客と友達のようにつきあう会社はこれまでもあったが、同社はそこにかける時間と意気込みが違う。

たとえば、ヤッホーブルーイングでは、1年を通して多くのイベントを開催している。ネット上の写真投稿企画や、醸造所見学ツアーはもちろんだが、社員と顧客がビールを飲みながら楽しく盛り上がる飲み会イベントが2つある。都内のビアレストランで開催される「宴《うたげ》」と、何千人もの顧客が一堂に会する大規模なイベント「超宴《ちょううたげ》」だ。

「宴」は、ヤッホーブルーイングが提供する10種類以上のクラフトビールを楽しめる公式のビアレストラン「よなよなビアワークス」で開催され、ビールを飲みながらスタッフと顧客が交流し、おいしい飲み方を学んだり、会話を楽しむイベントだ。

もうひとつの「超宴」は北軽井沢のキャンプ場や、明治神宮外苑にある軟式球場で開催される大規模なミートアップだ。2015年は約500人、続く2016年、2017年の春は約1000人、秋には約4000人のファンが集まった。大規模なイベントだが、すべて社内のスタッフが立候補制で運営している。その理由は「ヤッホーブルーイングにしかできないイベントを自分たちで手掛けたいから」だ。プロモーション施策を考える際、他のビールメーカーに名前を置き換えても実現できてしまうことは実施しないというポリシーが同社にはある。

イベントに参加すると、そこで見る光景はまるで大規模なロックフェスのようだ。毎年、スタッフが腕によりをかけて準備した企画が数多く用意されており、お互いに知らなかった人たちが仲良くなったり、一緒に笑い合ったりして楽しいひとときを過ごす。ビールに合う食べ物が用意され、ステージ上ではライブ演奏があり、広い会場のあちこちでワークショップも行われている。ゲームやクイズを通して、ビールを楽しみながら体験する様子を見ていると、そこにはもはや社員と顧客の間にある壁はない。仮装している社員に話しかけたり、一緒に写真を撮る。そんなたわいのない一瞬に互いがちょっとうれしいと感じる。それが見ている僕にも伝わってくる。会場には、ブランドの好感度やロイヤルティなどという言葉がどこかへ行ってしまうようなエネルギーが満ちている。

僕が最も印象的だったのは、ヤッホーブルーイングのスタッフがこの「超宴」を最高の場にしようとしていることはもちろんのこと、そこに参加している人たちもまた、このイベントを最高の場にしようとする気持ちが伝わってきたことだ。たとえば、「超宴」の始まりはいつも井手社長のかけ声で乾杯をするのだが、スタッフが参加者によなよなエールを配り始めると、特に指示されたわけでもないのに、参加者たちは自然と受け取ったビールを後ろで待っている人たちに渡し、会場にいる1000人にビールが行きわたるように協力し合っていた。都心で毎朝、満員電車を乗り降りする人たちの殺伐とした様子を見ている僕は別の国を訪れたような錯覚すら覚える。この空気感を、参加者がともに作っている。それが「超宴」なのだ。

ビールで「ささやかな幸せ」を届けたい

ヤッホーブルーイングのイベントではいつも来場者を楽しませるために、採算度外視の無茶とも思えるアイデアに挑戦している。しかし、その根底にはあくまでも「クラフトビールの美味しさ、楽しさを知ってほしい」という想いがある。ビールを通じてファンに幸せを届けることを企業のミッションに掲げているためである。

たとえば、２０１７年に明治神宮外苑で行われた「超宴」では、リニューアルしたよなよなエールのホップ香の余韻がより長く続くようになったことを体感してもらうため、会場内に線路を敷設し、ミニ電車「走れ！新・よなよなエール号」コーナーが用意された。参加者が電車にまたがると会場内の線路を走り出す。線路の脇には、素材の麦芽などが展示され、ビールの醸造工程を電車に乗ったまま楽しめるようになっている。ビールの世界を知ってもらう、体感してもらうためにミニ電車を走らせてしまう。そこまでして、楽しませたいし、伝えたい。ヤッホーブルーイングはそういう会社なのだ。そして、そこに大の大人が長い行列を作る。顧客の方もイベントの楽しみ方をよく知っている。

醸造所見学でも「超宴」でも、しっかり情報を伝えようとしている姿勢は徹底している。井手氏の本も、巻末付録でエールビールの飲み方を図入りで解説しているくらいだ。この熱量の高さ、ハンパではない。ファンに楽しんでもらうために「超宴」のようなぶっ飛んだ、どう考えても大赤字の企画をやってしまうことについて、井手氏も佐藤氏も「バカですよね」と笑う。しかし、そこで大切にされているある種の「熱」、それを共有しようとする姿勢は、マーケティングで本来実現しようとしていたことを思い出させてくれる。

第3章

顧客という存在を捉え直す

「神様」から「友達」へ

「ものづくり」という言葉は、長いあいだ日本企業の誇りだった。良い商品を作り、市場に出せば、旺盛な購買意欲を持った消費者がどんどん買ってくれる。しかし、モノを買い続けていった結果、「断捨離」という言葉が生まれるほど家の中はモノであふれ、それまでは楽しみのひとつだったショッピングも、いつしか面倒なタスクへと変わっていく。その一方で「お客様は神様です」という言葉が独り歩きして、日本企業で働く人の頭の片隅に常に存在し続けていた。まずは頭を下げ、一歩引いて相手を丁重に扱う。しかし、良好な関係を築いているときはいいが、何か問題が起きるとモンスター化する顧客に手を焼くこともしばしばだ。

ネットが新たな情報の流れを生み出し、企業が取得可能な顧客情報の量が増えていくと、それまでは不可能だった顧客分析が可能になる。ウェブやアプリを通じてなんらかのアクションを起こすたびにそれは記録され、その人の興味関心、ライフステージなどもある程度予測することができるようになった。そして商品がいつどこでいくつ売れたのかを把握するPOSも、いつしかID - POSのように個人に紐づけられていく。デジタルマーケティングがもたらした進化の内実は、デジタルな接点からもたらされる大量のデータによって、これまでは把握できなかった顧客の内面的な要素、興味関心に肉薄することでもある。従来の「商品」を軸としたデータ分析に加えて、「人」を軸とした多様なデータの分析が可能になる中で、広告も「枠から人へ」と大きく変化した。それなのに、日本企業はこれからも「神様」という遠い存在に顧客を祭り上げてコミュニケーションを行っていくのだろうか。

「試着できないネットで洋服は売れない」という固定観念を覆し、「ZOZOTOWN」でファッションEC市場を牽引してきたスタートトゥデイは、顧客との関係性を見直し、従来のCRM（Customer Relationship Management）ではなく、新たにCFM（Customer Friendship Management）を提唱してきた。何をどれくらい買ってくれたかを分析し、LTV（Life Time Value）や顧客ロイヤルティを向上させるだけではなく、顧客と友達のような関係になることで、これまでとは違う接客を提案する。顧客に伝えるメッセージのパーソナライズなどはもちろんだが、

２０１７年10月には利用者が送料を決められる「送料自由」という取り組みを実施して注目を集めた。ＥＣ企業にとって悩ましい送料についてどう思うかをユーザーに問うなら、通常のアンケート調査でもいいはずだ。だが、あえてサービスに実装してユーザーに選ばせ、その結果を集計して発表した。無料を選択した人の中には「本当にゼロ円にしちゃっていいのかな?」とドキドキした人もいただろう。「送料自由」は、そういう葛藤を実体験してもらう試みでもあったのかもしれない。購買も含め、サイト上での選択をひとつの投票行動と捉えるなら、アンケートではなく通常のユーザー行動の中で率直な気持ちを知りたい、同社はそんな風に考えたのではないだろうか。

マーケティング担当者の目標と顧客の優先度

どの企業のマーケティング担当者も、年間を通じて一定の目標を持っているはずだ。

多くの場合、それは数字で可視化されており、目標を達成するために効率的な方法は何かを考えることになる。数字を見ながらＰＤＣＡを回し、打ち手を改善しながら目標を達成すれば、担当者は相応の評価を得られるだろう。

数字が求められるデジタルマーケティングでは、「既存顧客」は「新規顧客」よりも低い優先度で扱われがちだ。新規顧客を獲得するため、広告施策、無料体験、クーポンのオファーをして、刈り取る。マス媒体と違って、ネットならこうした施策を安価に展開することができる。そして刈り取った顧客は、ポイントやマイレージなどのロイヤルティプログラムで離反しないように囲い込んでいく。ここでも評価基準は購入金額や利用頻度など、数字で測れるアクションの積み重ねだ。

確かに今期の目標としている売上を達成するために、継続的に買ってくれている顧客からの売上だけでは足りないとなれば、新規顧客の獲得に注力せざるをえない。その一方で、マイレージやポイントプログラムは、航空会社はもとより、ネットショップ、家電量販店、コンビニ、近所のラーメン店まで様々な業種に浸透している。至るところで「カードを作りませんか？ ポイントがためられますよ」と声をかけられ、レジでは「カードをお持ちでしたら、ご提示ください」と促される。財布の中には何枚ものポイントカードが入っていて、時々整理しなければならないほどだ。そして、こうしたポイントが購買データを収集するための代価であることを顧客側もうすうす気づいている。

自社ブランドのファンがどんな楽しみ方をしているか、企業のマーケティング担当者が、理解しているケースは残念ながら少ない。本書では、データをもとに顧客をセグメントし、効率よくお金を落としてもらうといった考え方からいったん離れてみたいと思う。企業と顧客の距離がより近づいている中で、当たり前のように顧客データを分析し、そこから打ち手を考えようとする前に、目の前にいる顧客の熱量を感じること。そして、一方向的なメッセージを発信するのではなく、双方向のコミュニケーションの中で互いに熱量を交換すること。そのときにはじめて、これまで考えていた「顧客」が違う見え方をしてくるはずだ。

売上と顧客の関与度

2011年、伝説のロックバンドの型破りな活動から、マーケティングのヒントを考えようとする画期的な本『グレイトフル・デッドにマーケティングを学ぶ』（デイヴィッド・ミーアマン・スコット、ブライアン・ハリガン 著、日経BP社）が日本で刊行され、大きな注目を集めた。この本には次のような記述がある。

忠実なファンを大切にしよう

グレイトフル・デッドは、顧客や消費者に対し、配慮と敬意を持って接することを教えてくれる。だが、多くの企業は、新しいお客さんを獲得しようとする一方で、昔からの忠実なお客さんを最優先するのではなく、無視している。ビジネスを成長させるのは大賛成だが、既存の顧客や消費者の気持ちを犠牲にしてはならない。

情熱的なファンが、会社や製品のことを他の人に話し、そのアイデアを広めてくれる、ということを忘れてはならない。情熱的なファンは、何年も繰り返し自社の商品を買ってくれるのだ。

この一節は「昔からの忠実なお客さん」が企業から最優先されるどころか無視されていること、「情熱的なファン」が会社や製品を他の人に広めてくれることを指摘している。本書を執筆したデイヴィッド・ミーアマン・スコットとブライアン・ハリガンは彼ら自身、グレイトフル・デッドのファンであり、何十回もライブに駆けつけている。ブライアン・ハリガンは『インバウンド・マーケティング』の共著者であり、自らのマーケティングの考えを具現化したツール「ハブスポット」を提供する会社の共同創業者兼CEOである。一方のデイヴィッド・ミーアマン・スコットは、マーケティング・ストラテジストとして、数々のマーケティング解説書を出版し、講演も多数行っている。この2人が「グレイトフル・デッドから学ぶマーケティング」という無料のウェブセミナーを共同開催したところ、ほとんど宣伝をしなかったにもかかわらず1700人ほどの参加者が集まった。その体験が本書の執筆につながったという。

１９６０年代に誕生し、長く「デッドヘッズ」と呼ばれる何百万ものファンと独自のやり方で交流してきたロングヘアーの男たちのロックバンドは、年を経てちょっとお腹の出たおじさんバンドになったが、コンスタントにライブ活動を行い、そのライブに集うファンたちは自由に撮影や録音をし、友達にコピーを渡して楽しんだ。そうやって彼らの音楽はファンと共にあり続け、広まっていったのだ。

このロックバンドの活動は、従来のマーケティングとは異なる道を模索する２人のマーケターをも引き付けた。19の章から成るこの本の目次を眺めると、

「変わり者でいいじゃないか」
「最前列の席はファンにあげよう」
「フリーから有料のプレミアムへアップグレードしてもらう」
「ブランドの管理をゆるくしよう」

といった章タイトルが並んでおり、彼らがこのバンドから見つけ出したヒントを現代のマーケティングの考え方とうまく結びつけようとしていることがよくわかる。米国

で2010年に出版された本だが、時間がたち、いままさにこうした考え方を新しいツールやビジネスモデル、SNSを通じて実践する企業が出てきたように思う。よりスピーディーに、より大規模に。

熱量の高い顧客とは

デッドヘッズのように、ライブに何度も足を運んでは録音し、テープにコピーして友達に「聴いてみなよ」と手渡すファンは、グレイトフル・デッドというバンドに積極的に関わってくれる顧客とも言える。こうした「高関与」の顧客は、単なる消費者ではなく、エヴァンジェリストのような役割も果たしている。

こうした熱量の高い顧客について考えるため、顧客のブランドへの関与度と売上の相関を調査したレポート「超高関与消費のマーケットインパクト」(堀田治 著 「AD

売上ベースで見た超高関与層とセグメンテーション

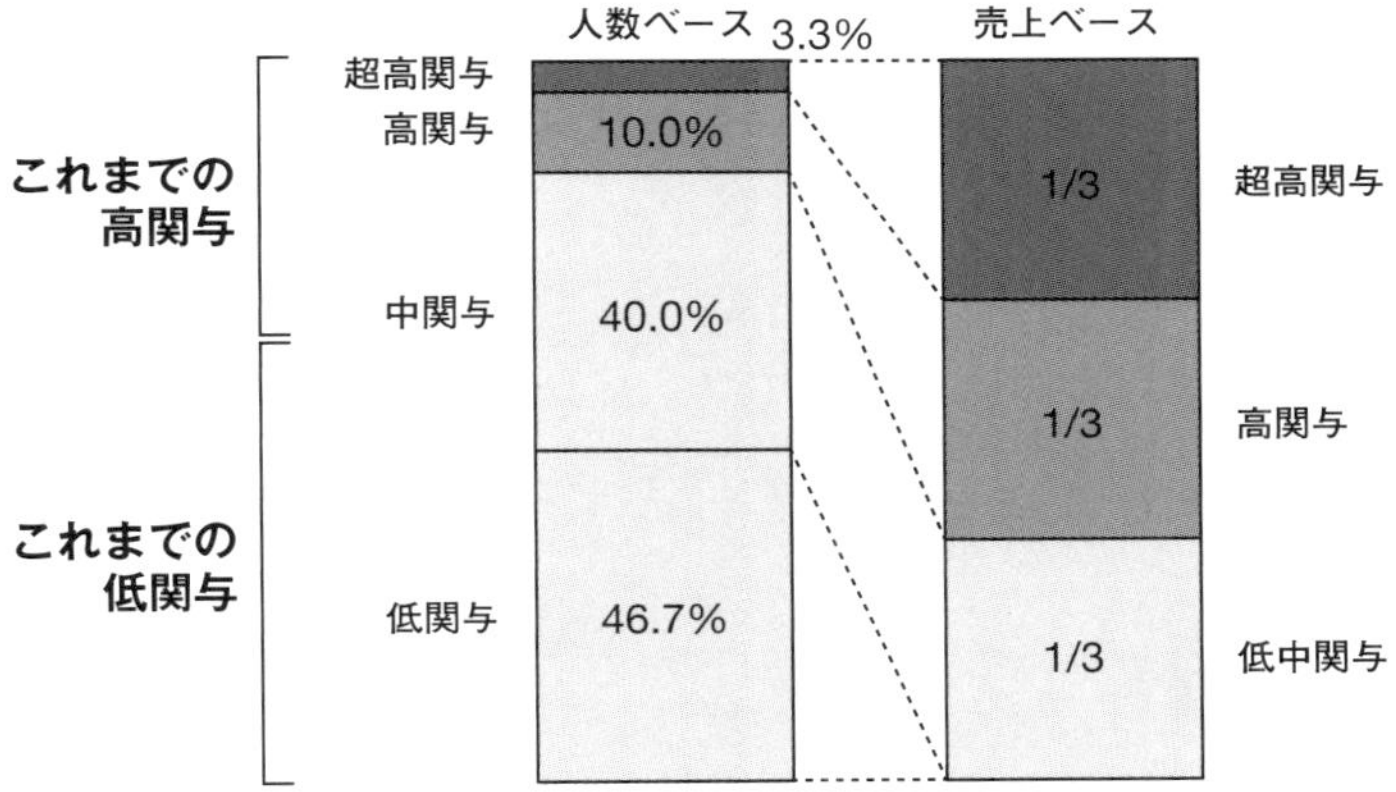

出典：「超高関与消費のマーケットインパクト」堀田治 著、「AD STUDIES」Vol.51［※］

STUDIES」vol.51）を見てみよう。［※］

ここでいう「関与（Involvement）」とは、対象への興味、関心の強さを示すもので、このレポートでは、「ある特定の消費カテゴリーに関して並外れて高関与な消費者」を取り上げている。腕時計、車、バイク、日本酒やワインから、映画、ライブ、音楽、文学、グルメ、アウトドア、スポーツなど、幅広い分野でその商品の性能や出来栄え、誕生の経緯、開発にまつわる苦心、それがいかに貴重な存在であるかを、あたかも自分のことのように語る人々。こうした人たちはイノベーターやオピニオンリーダーと共に、最も影響力のある消費者クラスターをなすとしている。

ブランドへの関与度を高い方から順に、「超高関与」「高関与」「中関与」「低関与」と4つのレベルに分類すると、最上位の「超高関与層」の顧客（3・3%）が売上の33・0%を占め、次の「高関与層」の顧客（10%）が33・8%、その次の「中関与層」の顧客（40%）が33・2%を占めていることがわかる。

このデータは、顧客の関与度、つまりはそのブランドにどれだけ関心が高いかによって、ブランドへの売上貢献度が変わってくることを示している。人数ベースでは3%ほどに過ぎない「超高関与」の顧客が、売上ベースでは全体の3分の1を占めている。「2：8の法則」という言葉もあるが、関与度の高い顧客はそもそも非常に少ない。彼らとどうつきあっていくのか、そして、こういう人たちをどうやって増やしていくのか。

これまで、自分たちのマーケティング活動の結果としてしか見ていなかった売上を、「顧客のどのような気持ちや熱量によって生み出されたのか」という視点でここでは捉えてみよう。「顧客第一主義」と言いながら、商品のネーミングからメルマガの文面に至るまで、売る側の目線で物事が考えられているケースは様々なところで見受けられる。自分が物事を考えるときの視点を常に意識しないと、大事なところで間違えることになると思う。

※「超高関与消費のマーケットインパクト―関与と知識による多段階の発展モデル―」堀田 治、「AD STUDIES」Vol.51、吉田秀雄記念事業財団（2015年）

感情から見た顧客構造

続いて、顧客のブランドへの関与度を「感情」の面から分類していこう。ここでは、購入後の顧客を次の5つのカテゴリーに分けて考える。

①**トライアル顧客**：その商品が良いかどうかわからないが、試しに手にとって購入してみた

顧客の階層と感情

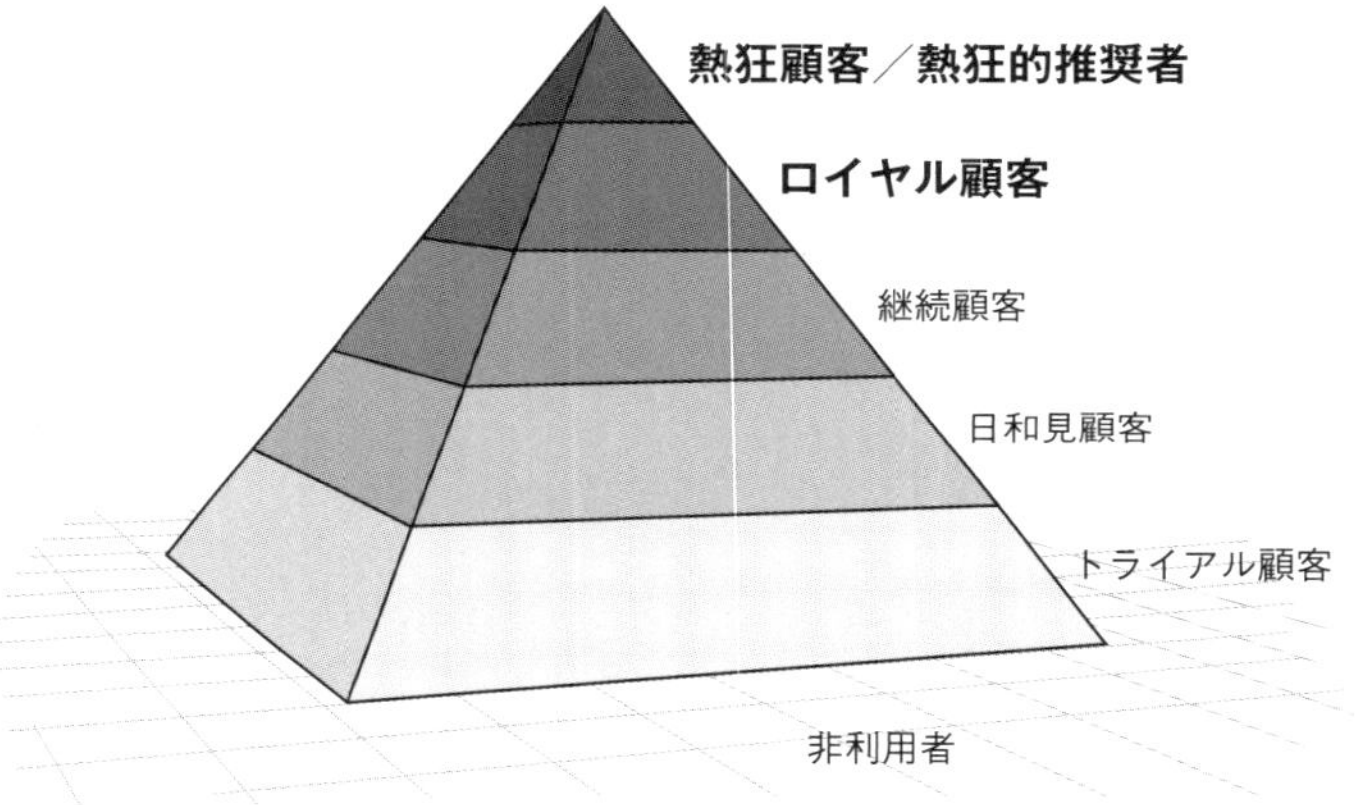

②**日和見顧客**：今回はたまたまその商品を購入したが、次回は別のものを購入する可能性がある

③**継続顧客**：好きかどうかは別として、その商品を継続的に買い続けている

④**ロイヤル顧客**：その商品に満足している

⑤**熱狂顧客／熱狂的推奨者**：その商品に強い愛着を持っている、もしくは他者にもその商品を積極的に勧めてくれる

これら5つの分類をブランドへの感情を表すピラミッドとして図示すると上のようになる（図の中には非購入者、非利用者は入っていない。あくまでも一度でもブランドを購入したり、体験してくれた人たちのピラミッドだということに注意していただ

きたい)。

このように分類してみると、購入した顧客にも様々な状態や感情が存在していることがわかる。顧客のデータベースを保有している企業などでは、「トライアル顧客」、あるいは「日和見顧客」と「継続顧客」をしっかりと分けて把握することが可能だ。通常のカスタマーリレーションの考え方では、あなたのブランドの顧客基盤が盤石なものかどうかは、「継続顧客」が多く存在しているかどうかで判断することが多いだろう。しかし、継続顧客が多いからといって、将来の売上が安定的にもたらされるという保証はない。その証拠に、継続顧客に調査すると「特に不満がないから買っている」「たまたまお店が近いから買っている」という理由で購入されていることが多い。つまり「継続顧客＝ロイヤル顧客」ではないということだ。継続的に買ってくれる顧客ほど、商品への愛着があるとは限らない。顧客のロイヤルティを考えたときに、どうしても「継続的に」購入してくれている顧客という意味に変換しがちであるが、実際にはこの継続顧客の中にも様々な「買う理由」が含まれていることがわかる。

継続顧客の多くがブランドや商品に強固なつながりを持っていない状態だとすると、

あなたの売上はまるで薄氷のうえに作られたものとなってしまう。結果的に購入されていることを評価すべきという意見もあるかもしれないが、継続顧客の「買う理由」を知ることをおろそかにしてしまうと、ブランドスイッチが容易に行われる危険性を高めてしまう。この継続顧客の層は多くの企業にとって一定のボリュームを占めていることが多い。その意味で、最も気をつけなければいけない顧客の層とも言えるし、ポテンシャルを持っている層とも言える。

column

熱狂顧客の代表性

「熱狂的な顧客の声に耳を傾けよう」という話をすると、「彼らの声には代表性がない」という意見が返ってくることがある。確かに、熱狂顧客はいわゆる「エクストリーム・ユーザー」とされ、通常の生活者とは違った思考や意見を持っていることが多い。彼らの言っていることすべてをマーケティング・コミュニケーションにフィードバックすることは、多くの顧客をターゲットとする日用消費財などを売っているメーカーほど危険を感じるものだろう。

ここで言う「熱狂顧客の声を聞くこと」とは、彼らがどういう経験の中でその商品を買い、愛するに至ったか、そのストーリーを聞くことである。自社ブランドについて、聞かれるまで考えたことすらなかった人の声よりも、日々そのブランドの存在を感じている人、ときにはそのことをブログやSNSに写真を撮って投稿してくれる人。彼らの声は、マーケティング活動の意思決定をするうえで示唆に富む、次の一手となるヒントが隠されている。人は嫌いになった理由はハッキリと述べることができるが、好きになった理由には無自覚なことが多い。好きになる体験というのは、得てして「なんとなく」ということが多く、明確に言語化されることが少ない。恋愛などもその典型だろう。

そのため、熱狂顧客への調査は「なぜ好きになったのか」を問い詰めることではなく、「どうやって好きになったのか」というストーリーを紐解いていくことが大切だ。そこからブランドを好きになるきっかけや体験を発見していくのだ。また、それらの声をそのままマーケティングに取り込むのではなく、そのフレッシュな視点を生かしながら、自分たちのどこを変えていけばいいのか、商品にどう組み込めばいいのかを考え、上手に料理して顧客に返すことが求められるだろう。

トライバルメディアハウスでは熱狂的な顧客の声を聞く機会がある。企業の担当者は、インタビューに同席して直接話を聞くよりも、そこから抽出され、抽象化されたデータにしか興味を持ってくれないことが多い。しかし、僕は顧客の声そのものを直接聞くことが何よりも重要だと考えている。彼らは企業の担当者が思いもよらないストーリーや、体験を語ってくれることがある。その言葉から、彼らがどこでどうやって好きになってくれたのかを「発見」していくのだ。熱量が高い人は話が脱線してしまうこともあるが、その声に耳を傾けながら、気になるコメントに立ち戻って質問を深めていくこともできる。そうした会話の中で、ときに顧客の真摯な言葉に感動し、目を潤ませる担当者もいる。

企業の担当者は仕事の多くが社内を向いたものになりがちだ。物理的に近い距離にいる同僚や上司、組織の都合に人はどうしても影響されていく。そして、物理的に遠い距離にある顧客の気持ちからは遠ざかり、抽象化された無機質なデータの中で、顧客はすべて数字に置き換えられていく。そうした環境で仕事をしているからこそ、直接、熱狂的なファンの声を聞いたときに、はじめて自分たちが世の中に提供していた価値やその尊さに気づくことが多いのかもしれない。

現在、顧客のリサーチにおいて重要視されつつあるのは「聞く」ことよりも「発見」することだと言われている。客観性を担保するために、壁の向こう側で被験者を眺めるような環境で話を聞くだけでなく、向かい合って話をしながら、その熱を受けとめる感受性を失いたくないものだと思う。

ブランドへの愛と購入量を分けて考える

ここまで説明した理由から「ブランドへの愛」と「購入量」は分けて考えていくべきだと考える。これらを混同して、単純に購入量が多い顧客に対して「友達紹介キャンペーン」などの推奨施策を打ってみても、あまり効果は期待できないだろう。

友達などへの推奨意向を「NPS（Net Promoter Score：正味推奨者比率）」として表現することも多いが、このNPSとブランドへの愛情もまた、分けて考えるべきだ。「自分はこのブランドが好きだが、あなたに合うかわからないから勧めることはしない」ということも往々にしてありうるのだ。他の人に勧めるかどうかは、本人の性格や、商品の内容にも大きく依存する。90年代を中心にCRMが流行した時代があったが、その多くは失敗に終わったと言われている。その理由のひとつには「より多く購入をしている人ほど、ブランドのことを愛してくれているはずだ（だから、他の人にも勧めてくれるはずだ）」という幻想があったと思う。そう考えると、ブラン

施策においても3つの軸を分けて考える

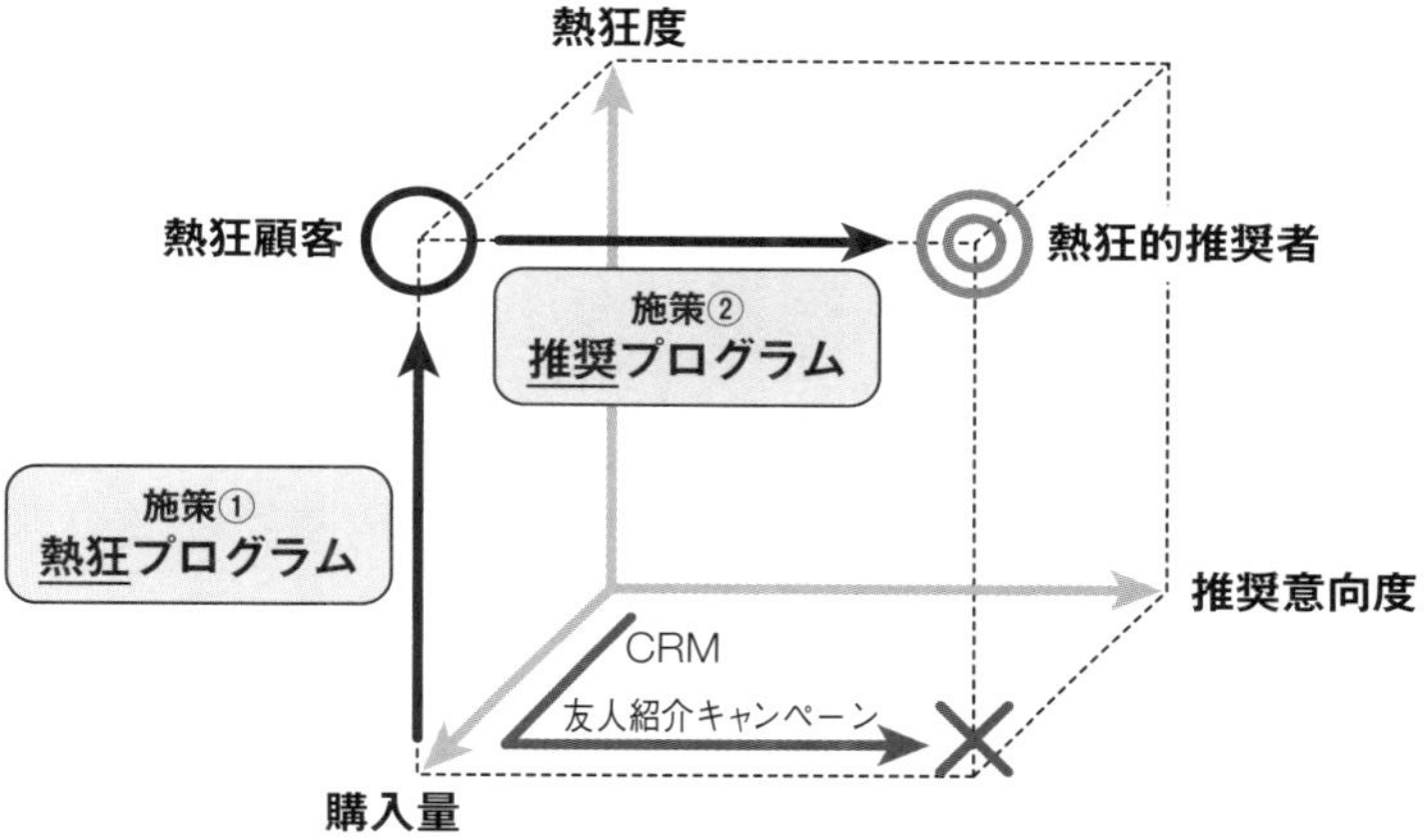

ドへの熱狂度、ブランドの推奨意向度、購入量の3つは分けて考える必要があるのではないだろうか。上の図は、その3つを軸として施策をまとめたものだ。「熱狂プログラム」とは顧客の感情を動かし、ブランドのことを特別な存在だと感じてもらうための活動だ。「推奨プログラム」とは、ブランドのことを友人や知人に勧めてもらうための仕掛けや仕組みのことである。これらについては6章、7章で解説する。

顧客へのアプローチを考える際の正しい順番としては、まずブランドや商品への好意、愛着を高めるところから始めることになるだろう。その後に、推奨してもらうための支援や施策を行う。そうすることで、他の人に「これいいよ」と勧めるときの「言葉の質」が変わってくる。本当に好きな人だからこそ、しっかりとした言葉でブランドや商品のことを伝えることができる。そして勧められた側も、この人は本当にこれが好きなんだなということがわかる文脈で勧められるからこそ、買う理由に影響を及ぼすことができるのだ。

いちばん真剣に商品を見ているのは

企業のマーケターはずっと、「どうやってこの商品を知ってもらうか」からマーケティングをスタートさせ、商品を買ってくれる消費者を知るためにリサーチを行い、顧客のことを知ろうとしてきた。ところが、データ活用が進むにつれて企業と消費者の間には大きな情報量の格差が生まれていった。このギャップを利用して企業は消費者をリードしてきたのだが、データにどっぷりとつかったネットの施策はリターゲティングをはじめ、「気持ち悪い」といった反応を生むようになっていった。「あなたは女性ですよね」「さっきこの商品を見ましたよね」と広告が語り掛けてくる。メーラーに毎日たまっていくECサイトからの大量のクーポンは、もはや何日か前にさかのぼるのもためらわれるほどの量に達している。企業側は「パーソナライズしている」と胸を張るが、顧客は「自分のためのものだ」と感じてそのクーポンを使うというより、「ちょうど買おうとしてたから」とクーポンの綴り券の1枚を切り取って使っているようにも思える。

こうした施策は企業側からすれば刈り取るためのもの、消費者側からすれば安く買うためのもの。そこから、愛情や長くつきあいたいという気持ちが生まれるのだろうか。環境が大きく変わりつつある現在、青臭いと言われようが「自分たちの商品は顧客にどんな風に見られているのか、愛されているか」という視点で、自社のマーケティングを見つめ直す時期に来ていると思う。本書のタイトルである「熱狂顧客戦略」から、「顧客をいかに熱狂させるか」を説明する本と受けとめている人もいるかもしれない。そういう意味合いも含んではいるが、僕はむしろ、企業でマーケティングを担当している人たちに、あなたは自社製品をどのくらい知っていますか、どのくらい好きですかと聞いてみたいと思うのだ。

担当者は「自社で作ったのだからよくわかっている」「この商品の特徴はここです」と語ることはできるかもしれないが、お金を払って自分の生活の場や職場でそれを使っている顧客でなければ気づかないこと、あるいは思いもしなかった利用法が隠れていることもある。いちばんシビアに商品を見ているのは、お金を払ったお客様というのは恐ろしいがよくある話だ。あるいは親子関係にも似ているかもしれない。親は子供のことをよく知っているつもりなのだが、実は子供も親をよく見ていて、時々ドキッとするようなことを言ってくる。

マーケターはこれまで消費者を躍らせる立場だったかもしれないが、自分もフロアに出て、一緒にステップを踏む勇気はあるだろうか。もし自分が上手に踊れないのなら、上手に踊っている人を巻き込むのもひとつのやり方だ。企業が製品に込める「熱」が顧客に伝わり、周囲に伝わり、企業側にフィードバックされていく。コミュニケーションの「熱」に対する感度を持ち、その「熱」が失われることなく広がり、交換されるようコミュニケーションをデザインしていくことは、これから必須のスキルとなるかもしれない。

第4章

顧客がもたらす価値

日常におけるブランドとの特別な絆

前章で「ブランドへの愛」について触れたが、その熱量や表現の仕方は様々だ。憧れのクルマを手に入れて、眺めているだけでうれしいという人もいれば、みんなに見てほしくてSNSに写真を投稿する人もいる。一方、毎日の生活を支える大切なピースのひとつであって、いつもそばにあるのが当たりまえという商品もある。

たとえば使っていた化粧品がなくなったので、買い足そうと思ったらいつの間にか生産が終わっていた。近所の店が扱わなくなった。そんなとき、別のブランドを買ってはみたけれど、なんとなく違う。お気に入りの、いつも手にしていた品が手に入らないことが意外なほどショックだったり、残念な気持ちになる。憧れの外車と化粧品では、前者の方が熱量は高いのかもしれない。しかし生活の中にいつも存在するモノに対して感じる安心感も、長く静かに続く、ひとつの絆を生み出している。そのことがわかる商品について考えてみよう。

「ほぼ日手帳」はどんな存在なのか

多くの人は年末になると手帳を買う。僕も11月くらいになると新しい手帳が欲しくなる。手帳は日々のスケジュールを管理するための便利なツールだが、最近では多くの人がスマホでスケジュール管理をしている。その方が、毎日のタスクや予定をアラートで教えてくれたり、他のユーザーとスケジュールを共有できたりするからだ。アナログの手帳にはない利便性がある。

それでは、多くの紙媒体が衰退していったように、このまま手帳も徐々に売れなくなっていくのだろうか。あなたがもし、手帳メーカーのマーケターだったらどう考えるだろう。手帳の機能を徹底的に分析して、より便利な使い方をユーザーエクスペリエンス（UX）の視点から考えるだろうか。アプリを連携させて手帳をスマホで撮影すると画像認識し、アラートが使えるようにしてみるとか。この場合、あなたはマーケターとして、「人々は、より機能的で便利にスケジュールを管理するためのツールとして手帳を買っている」という捉え方をしている。しかし、紙の手帳をより便利に使いやすくするための、機能的な価値を求めている消費者はどのくらいいるのだろうか？

デジタル派が増えつつある現在も根強い人気を誇るのが「ほぼ日手帳」だ。この商品は２００２年に販売を開始し、２００４年から取り扱いを開始したＬＯＦＴでは12年連続で手帳部門の売上ナンバーワンに輝いているそうだ。年間の販売部数は60万部を超えている。なぜほぼ日手帳はこれほど強さを発揮しているのだろうか。その理由を考えてみると、糸井重里さんが始めたウェブサイト「ほぼ日刊イトイ新聞」のファンが数多くいて、その人たちが買っている。ファン心理だけでなく、トモエリバーという薄くて丈夫でインクの乗りやすい紙を採用している。毎年改善を重ねている。情報整理の仕方によって手帳を選べる。すっきりしているけどちょっとかわいい。たくさん種類があるから選ぶのが楽しい。作っている人の考えがしっかり伝わってくる……などが挙げられるだろう。

売れている理由としてどれも、間違っているものはないだろう。ただ、ほぼ日手帳が、単純にスケジュール管理をするために開発されたものだったら、とっくにスマホのスケジュール管理アプリに乗り換えられていたかもしれない。

多くの人がこの手帳を買う理由を考えるとき、そのヒントはソーシャルメディアに潜んでいる。たとえば、インスタグラムで「#ほぼ日」で検索してみると、多くの人がほぼ日手帳にしたためた自分の日常を写真に撮影して投稿している。２０１７年12月時点で「#ほぼ日」のインスタグラムの投稿数は約64万件。「#ほぼ日手帳」だと、約93万件投稿されている。これらの投稿を見ると、ユーザーの様々な手帳の使い方を垣間見ることができる。マスキングテープとシールで一日の出来事をカラフルに彩っている人や、イラストでその日の出来事を表現している人、詩を綴っている人まで実に多様だ。そこで共通しているのは、ほぼ日手帳が「記録」するためのツールではなく、自分の日常を「表現」するためのツールになっていること。彼らにとって日々の出来事は表現するための素材であり、ほぼ日手帳のその日の1ページはそれらを表現した作品にもなっている。

それだけではない。ユーザーの中では「#ほぼ日1年生」（約3万7０００件の投稿）、「#ほぼ日2年生」（約1万1000件の投稿）など、自分の使用歴をハッシュタグとして添えている人も少なくない。これらはユーザー自身が一日一日の積み重ねを大切なものとして意識し、手帳を使う期間が長くなるほど、その価値が高まることを自覚している例のひとつだろう。ほぼ日手帳は、その1年だけ使うものではなく、毎年積み重ねていくものだということが、このハッシュタグからにじみ出ている。また、「1年生」「2年生」と投稿していること自体、ユーザーが「私は1年生です。よろしくお願いします」と、ハッシュタグでつながったゆるやかなユーザーコミュニティに対して初々しいあいさつをしているようでもあり、他の先輩ユーザーの存在を意識していることをうかがわせる。これもまた、ほぼ日手帳を象徴するハッシュタグと言える。

注目すべきは、これらのハッシュタグに見られるように、彼らはページをカラフルに彩ることによって、無意識のうちに「自分の日常を作品化する」というストーリー、もしくは「日常の作品化」という意味づけそのものを生み出しているということだ。もちろん「自分の日常を作品化したい！」などと思って買っている人は少ないだろう。しかし、そのように手帳とともに過ごす毎日をより良いもの、より豊かなものにしたいと考えていることは疑いようがない。スマホのスケジューラーは「今」が中心であり、未来の予定に向かって常に動いている。そしてその予定を消化すれば、後で見返すこともほとんどない。

しかし、過ぎていく毎日をていねいに書き留めるという行為が自分自身を取り戻す瞬間を与えてくれる。その時間を一緒に過ごす相棒として「ほぼ日手帳」がある。この手帳だからこそ、彼らの日常は輝かしい作品になるのだ。だから多くの人に愛され、選ばれている。これこそがほぼ日手帳の独自性であり、価値であり、ユーザーから強く支持されている大きな理由のひとつと言えるだろう。手帳だけではない。朝起きて着る服を選ぶとき、今日は大事なプレゼンがあるという日なら、自分に勇気と自信を与えてくれる服がその人を守ってくれる。深夜にコンビニで買うちょっと贅沢なアイスクリームが、がんばったけれど誰も褒めてくれなかった1日の自分へのご褒美になる。ほぼ日手帳が紡いでいる文脈は、人とモノの間にある、緩やかなつながりの大切さを教えてくれる。

消費者は消費をするだけの人ではなくなった

いま最も愛されているのは、消費者へ提供する価値をモノからコトへ、〈Product〉から〈Experience〉へ変革した商品だということは以前からよく言われている。つまり、モノそのものの良さで選ばれているのではなく、それをともなったコトの魅力によって選ばれているということだ。

これまでメーカーはより便利で高性能な製品を生み出し、消費者に売った後は、その製品のアフターサポートをし、買い替えを待つという考え方が主流だった。しかし現在では、消費者がその商品を買った後にこそ、そのメーカーが作った製品の価値が高まるのではないかという考えが生まれている。同時に「消費者」をどんな存在と捉えるのかも変わりつつある。従来は、価値を創造するのは企業であり、消費者はお金を払ってその価値を手に入れ、消費する存在だと思われてきた。これが「モノ」を中心とした考え方だとすると、体験を生み出す「コト」中心の考え方では、消費者は企業と協働で価値をつくりだす「価値共創者」と考えられている。

マーケティング研究者のロバート・F・ラッシュとステファン・L・バーゴによって提唱された「サービス・ドミナント・ロジック」という理論によると、人々がモノやサービスを消費する際に発揮される価値には、3つの種類が存在するという。それは「交換価値」と「使用価値」、そして「文脈価値」である。

「交換価値」は、モノやサービスのスペックに対して支払われる対価によって手に入れることができる。普通のアイスクリームが100円なのに対して、ハーゲンダッツがその倍以上の価格なのは、そのスペック（使われている素材など）に対して値付けされた対価だ。また「使用価値」は、モノやサービスを購入した後の利便性や、使うことによって得られる機能的な価値を指す。「NIKE+」がランニングをした距離を記録できたり、他のユーザーとつながる機能を提供しているのは、ナイキのランニングシューズの使用価値を高めているということになるだろう。これに対して「文脈価値」とは、消費者が経験できるストーリーとしての価値を表す。それを消費したことによってどんな気持ちになるのか、消費者が自らの働きかけによって意味づけを

商品名・ブランド名［○○○］

文脈価値（ストーリー）	［価値が最大化するシーン］ **○○なときに** （日常の中の場面）	［ユーザーにとっての意味づけ］ **○○として** （ユーザーにとってどんな存在なのか）
メンタル・ベネフィット	**○○することができる**	
フィジカル・ベネフィット	○○な機能	
プロダクトのスペック	○○な素材・仕様	

するのだ。「文脈価値」とは、その感情そのものを指す。かつて多くの人が「スタバなう」とつぶやいたが、「ドトールなう」とつぶやく人が少ないのはなぜか。これも文脈価値に差がある例と言っていいだろう。

先ほどのほぼ日手帳の場合も同様だ。「交換価値」や「使用価値」だけでなく、自分の日常を書き留める相棒としての「文脈価値」が強く発揮されているからこそ、数ある手帳の中から選ばれている。言うまでもなく、この文脈価値（ストーリー）はほぼ日手帳が一方的に提供しているものではなく、消費者が「価値共創者」として、ほぼ日手帳に毎日の出来事を表現していくことによって生み出されている。

商品名・ブランド名［ほぼ日手帳］

文脈価値（ストーリー）	［価値が最大化するシーン］ **「毎日の出来事を振り返る」ときに**	［ユーザーにとっての意味づけ］ **「自分だけの人生の記録作品」として**
メンタル・ベネフィット	**「自分の毎日を豊かに彩ること」ができる**	
フィジカル・ベネフィット	・予定以外も書ける ・平らに開いて、薄くて書きやすい、インクが乗りやすい	
プロダクトのスペック	・24時間・土日も同じ枠で書ける ・糸がかり製本、トモエリバー、日々の言葉	

メーカーをはじめとする企業の多くは、過去の製品と比較してより高いスペックの製品を作ろうとする場合が多い。つまりは「交換価値」もしくは「使用価値」から商品を設計しているということだ。上の図を見てほしい。ここに、あなたが担当する商品やサービスについて、他社と明確に差別化できる「価値」を記入することができるだろうか。もし、この「文脈価値」が他社との差別化にならないとしたら、中長期的に他社との競争優位性を築いていくことは難しいかもしれない。そして、この「文脈価値」を紡ぐプロセスにおいては、ユーザーのブランドに対する熱量が欠かせない。

column

ハッシュタグと文脈

2017年12月、インスタグラムは「ハッシュタグフォロー機能」を発表した。これまではフォローの対象は人やブランドだったが、ハッシュタグで表現される情報のカテゴリーや興味関心、そしてある種の文脈をフォローできるようになった。これによって、ハッシュタグをいちいち検索しなくても、タイムラインに情報が流れてくる。

たとえば「旅行」というハッシュタグに注目してみよう。「#旅行」の投稿数は約730万件。「#travel」は2億4000万件を越えている（いずれも2017年12月時点）。次に旅行に関連するハッシュタグの一部を見てみると次の図のようになる。この中でフォローされるハッシュタグはどれだろうか。「#旅行」だけでは広すぎるので「#家族旅行」「#旅行記録」「#旅行コーデ」などの方が関心の高いユーザーが集まるのではないだろうか。漠然と「#旅行」というハッシュタグをフォローしていても、なんとなくリア充な写真しかフィードに表示されず、かつ投稿数も多いのでフォローを解除してしまいそうだ。ハッシュ

旅行関係のハッシュタグ ※件数は2017年12月時点

タグには違う切り口のものもたくさんある。「#世界遺産」「#雲海」「#金沢カフェ」「#東京土産」「#飛行機大好き」といったワードは、行き先を探している人、行き先が決まっている人がフォローしたくなるかもしれない。

これらのハッシュタグはユーザーの経験やストーリー、感情を表現した「文脈価値」そのものと言える。ユーザーが生み出す文脈の中でブランドが形作られていく時代において、インフルエンサーという個人のパワーは多くの人が知るところとなった。これからはハッシュタグというライトなつながりによって生まれる新たなトライブ、コミュニティの可能性にも注目していく必要があるだろう。

あるとき、よく旅をしている海外の女性インスタグラマーの投稿に「#120film」というタグが付いていた。なんだろうと思ってグーグルで検索してみると、どうやら中判カメラで使用するフィルムのことらしい。彼女はスマホやデジカメではなくフィルムカメラでの撮影を楽しむ趣味があるらしい。そのハッシュタグをタップすると、たくさんの美しい写真が表示された。

ハッシュタグを大いに活用しているコミュニティがある。それはフォトグラファーたちだ。彼らの投稿を見ていると、時折ハッシュタグの一群に出会う。ひとつの投稿に20個くらいはざらだ。ほとんどが英語である。たとえば「#photooftheday」は「今日の1枚」といった意味のハッシュタグだが、4億8000万以上の投稿がある。自然や都会の風景など1300万件以上の投稿がある「#visualsoflife」は、フォトグラファーのコミュニティ「Visuals Of Life」のハッシュタグだ。このアカウントの方には25万以上のフォロワーがいる。「#tokyocameraclub」は東京に限らず、日本各地の様々な写真が350万ほど投稿されている。同名のアカウントを持つ東京カメラ部株式会社はフォトコンテストを運営している会社で、インスタグラムのアカウントのフォロワーは40万人を越えている。

写真雑誌というメディアがほぼ機能しなくなりつつある現在、フォトグラファーたちはインスタグラムで、ハッシュタグをラベルのように使って自身をアピールし、同じ感覚や考えを持つ仲間とつながっている。ビジュアルがメインのインスタグラムでは、国境を越えて彼らの作品を伝えることができる。撮影のテーマ、作風、使用機材などを表すハッシュタグから互いの距離を測り、フォローするアカウントを選び、日々作品を投稿しながら影響を与え合っているのだ。固定された団体に属するのではなく、写真雑誌から選ばれて優秀作品として表彰されるのでもない。しかしそこには、そうした機能を代替する何かがあり、そこからまたリアルな組織やプロジェクトが立ち上がっている。

これはハッシュタグの広大な海のほんの一部分でしかない。ハッシュタグをタップすると、そこには様々な人々のつながりや思いが見えてくる。たとえば「#cancerfighter」はガンと闘う人たちのためのハッシュタグだ。このタグには12万件以上の投稿がある。「#cancersurvivor」も、闘病している人たちの写真や気持ちを前向きにしてくれる言葉など、45万件を超える投稿がある。

これらを見ていると、ハッシュタグは検索エンジンのキーワードと違うと感じる。これまで、ソーシャルメディア上のコンテンツは「WHO（誰が言ったか）」もしくは「WHAT（何を言ったか）」が重視されてきた。これに加え、ハッシュタグによって、身の回りのモノやコトをどのように楽しんでいるのか、何を伝えたいのか、それを「HOW（どんな文脈で）」切り取るのか、その表現が重要になる世界が加わったと言えるのではないだろうか。

そう考えると、ハッシュタグはノートPCに貼られるロゴのステッカーに似ている。このステッカーをみんなに見られるのはイヤだなと思うものはそこには貼られない。自分の大切なPCという「文脈」に貼ってもいいと思ってもらえるかどうかだ。ハッシュタグを考えることはブランドに多くの気づきを与えてくれるだろう。

顧客の「資産」と「価値」

先ほど企業と協働で価値をつくりだす「価値共創者」としての消費者に触れたが、ここからは顧客をブランドの「資産」と捉え、そこから得られるマーケティング戦略で応用可能な「価値」について考えてみたい。誰が見てもわかるように熱狂を示している人、一人静かに商品と向き合っていることに喜びを感じる人など熱量の表現は多様だが、その価値を定義するため、彼らが独自に持っている「資産」について把握しておく必要がある。それらの資産がどのような「価値」を発揮するのかを整理することで、彼らから何を学ぶか、そしてそれをどう生かしていくかの軸が定まる。

一般的にブランドの魅力は、製品そのものや提供する体験だけで形作られるものではないし、それだけではその魅力を最大限に発揮することもできない。たとえば、高級レストランでの食事を考えてみよう。そのレストランに見合った服装で来店し、テーブルマナーを守って食事を楽しむという来店者の行動そのものが、その高級レストランの価値を発揮するうえで欠かせない要素となる。短パンとTシャツで入れる店もあるかもしれないが、高級レストランであることの意味は薄れるだろう。供される料理を楽しみながら会話が弾むテーブルが多ければ店内は華やかな空気で満たされる。料理や店内の調度品、スタッフの立ち居振る舞いだけでなく、来店する人の持っている「知識」や「行動」こそが、ブランドの魅力を最大限発揮するために必要な「資産」にもなっているのだ。

顧客が持つ資産はブランドによって様々だが、大きく分けると「知識」「スキル」「経験」「行動」「意向」の5つに大別できる。これらの資産を活用して、特定の人もしくは企業やブランドに対して貢献することが、顧客がもたらす価値になるのだ。ここではその価値を6つに分けて整理してみたい。

①経済価値

ひとつのブランドを購入し続け、継続的な利益貢献をしてくれる価値だ。「買う理由」が明確になっているため、値引きなどの金銭的な刺激を与えなくても買い続けてくれる点も見逃せない。熱量が高ければ、競合他社がキャンペーンでアプローチしてきたとしても、自社のブランドを買い続けてくれる可能性が高いので強固な顧客基盤を作ることができる。

②顧客理解価値

熱量の高い顧客の行動や意向を調査によって把握することで、製品開発やサービス改善についての示唆を得ることができる。こうした顧客は、なぜ自社のブランドを好きでいてくれるのか、その理由やプロセスを知るための最大のヒントを与えてくれる良きパートナーである。

ブランドに興味がない人よりも、そのブランドを好む人から、まずは多くの示唆を得るべきだろう。よくインタビュー調査などで「なぜ○○を使いたいと思わないのですか」という趣旨の質問があるが、その答えの多くは「なぜ使わないかということすら考えたことがなかった」だろう。自社ブランドに関心のない人に質問をして、彼らの熱量を高めることに苦心するのか。それとも自社ブランドに特別な感情を持っている熱量の高い人から学び、その熱を広く伝えていくことに注力するのか。SNSというツールがある現在は、後者の方がより実りが多いのではないだろうか。

③共創価値

これは単純に顧客と新商品を開発するだけではない。新商品もさることながら、熱量の高い顧客とのディスカッションや協働を通じて、そのブランドを使用する文脈の開発や、これまで予想したこともなかった価値を発見することも可能になる。詳しくは後述するが、これは企業のサービス改善やアフターサポートにとどまる話ではない。顧客の顕在化されたニーズを埋めるための価値共創ではなく、企業も顧客も想定していなかった価値の創出が可能になる。

④影響価値

対面での直接的な推奨や、ソーシャルメディア上での投稿による間接的な影響を見込み顧客へ与えることができる。直接他の人へ商品を勧めてくれるだけでなく、商品を買ったり、使ったり、買い替えたりする日常をソーシャルメディアに投稿する行為も、周りのユーザーへ影響を及ぼしている。友人や知人だけでなく「この人、いいな」と思った人をフォローすることで、自分のタイムラインに表示されるコンテンツをユーザー自身が発信し、編集できるようになった現在、はっきりと「これオススメだよ」と書かれていなくても、そうした投稿を繰り返し見ているうちに、新たな顧客が生み出される可能性が高まっていく。

⑤コミュニケーション・リデザイン価値

熱量の高い顧客を理解することによって、従来のコミュニケーションを見直し、より効果の高いマーケティング施策へコミュニケーション全体のあり方をリデザインしていく。ここから、マーケティングファネルをもとにしたアプローチの最適化が図れるだろう。いま獲得している認知の量や質は最適であるかを判断し、場合によってはファネルの形や構造自体も見直すことで、コミュニケーション全体をリデザインすることが可能になる。

⑥支援価値

顧客からフィードバックを得ることで、社員に対して、営業のサポートや開発のヒントを提供することができる。新商品開発のヒントを獲得したり、顧客の声を社内のスタッフが直接聞くことによって、スタッフが「自分たちのがんばりがしっかり届いている」「こんなに喜んでいる人がいる」ということを知り、モチベーションが高まることも期待できる。

共創価値を高める3つのR

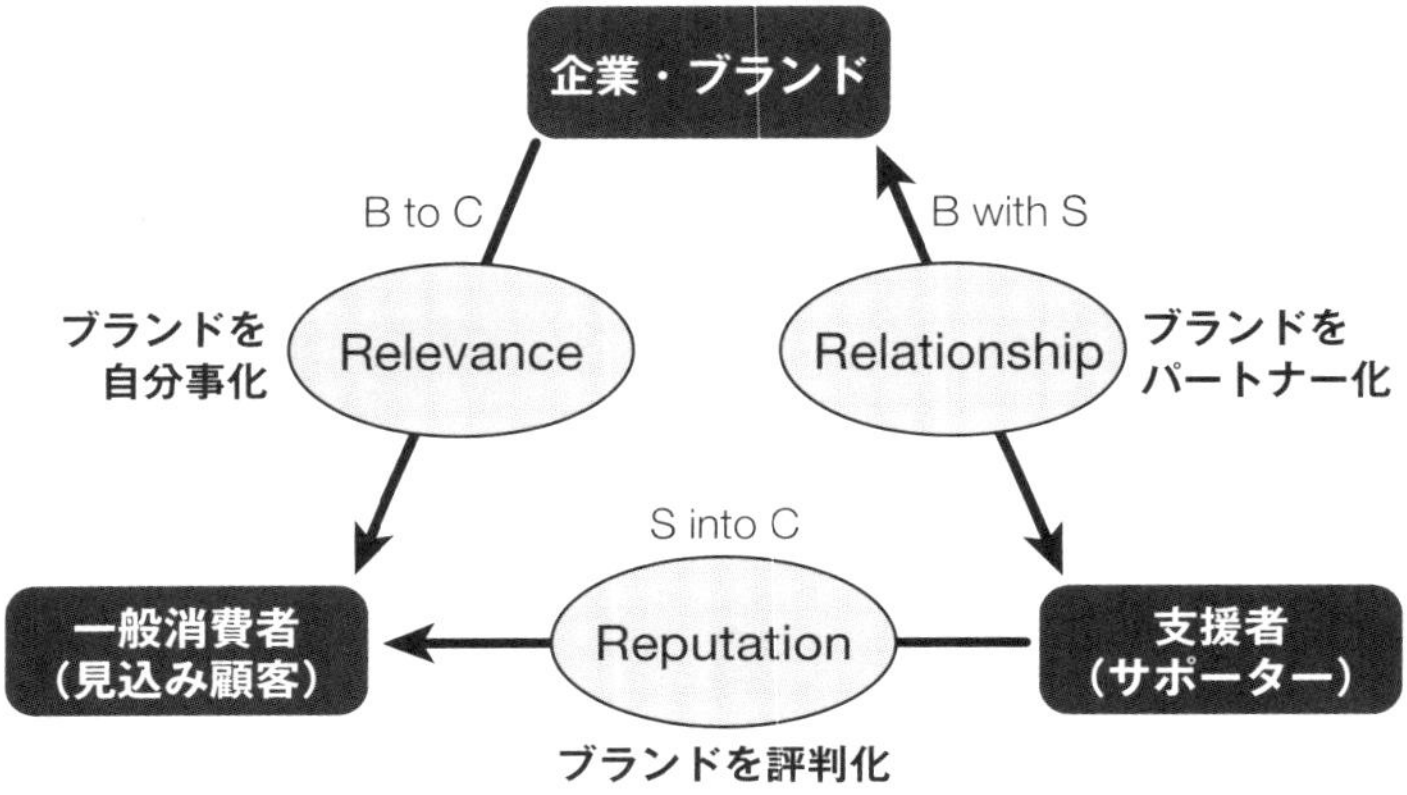

出典：『R3コミュニケーション―消費者との「協働」による新しいコミュニケーションの可能性』恩藏 直人＋ADK R3プロジェクト 著、宣伝会議

先に紹介したヤッホーブルーイングの「超宴」のように、メーカーの担当者が直接顧客と接することも、この支援価値に大きく貢献しているのではないだろうか。自分たちの製品を楽しんでいるシーンに立ち会うことが同社のスタッフにポジティブなフィードバックとなることは明らかだ。

①〜⑥のいずれも、企業・ブランドに大きく影響を与える貴重なものばかりだが、企業と顧客以外にも重要な役割を担う存在がある。『R3コミュニケーション』（恩藏直人＋ADK R3プロジェクト 著、宣伝会

「3つのR」に「社員・スタッフ」を追加し、熱狂顧客の考え方を反映させた図

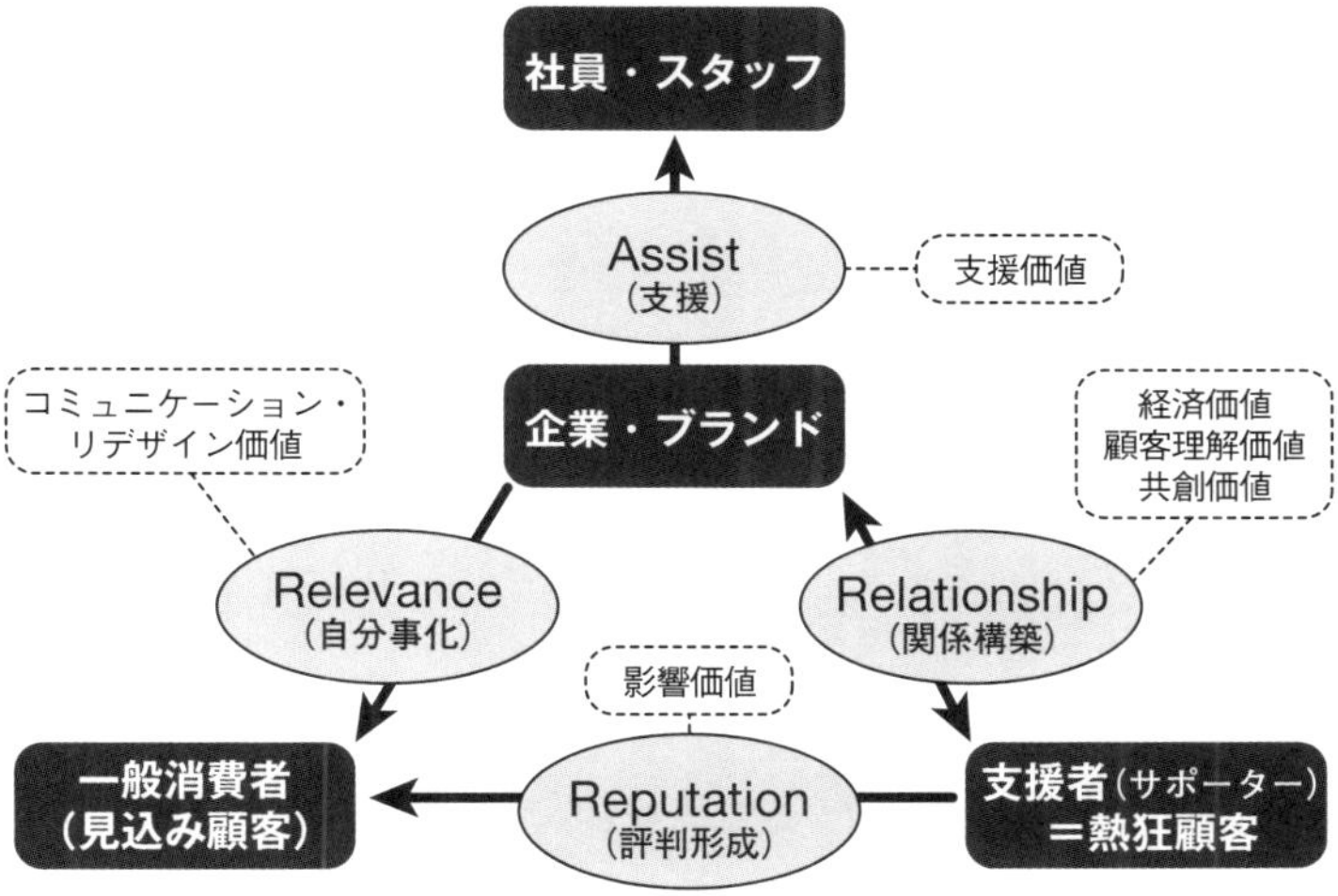

議）では、これからの時代におけるコミュニケーションは「企業・ブランド」「一般消費者（見込み顧客）」という二者から、「支援者（サポーター）」を加えた三者間へ移行するとしている。その三者による関係の中で、ブランドの「自分事化（Relevance）」「評判化（Reputation）」「パートナー化（Relationship）」が行われる。R3コミュニケーションの理論に本書の考え方を当てはめてみると、上の図のようになるだろう。この「支援者（サポーター）」こそが、本書で解説している熱狂顧客だと考えられる。

そして、ブランドに好意を持って関与してくれる人を育てていくためには、まず社員が自社ブランドに情熱を持っていることが大前提になる。R3コミュニケーションに「社員・スタッフ」を加えた四者間でのコミュニケーションの中で、熱狂顧客の価値がどのように発揮されるかを整理すると、①経済価値、②顧客理解価値、③共創価値、④影響価値は、熱狂顧客から直接享受できる価値となる。そして⑤コミュニケーション・リデザイン価値、⑥支援価値は間接的に享受できる価値として位置づけることができる。

企業のマーケティングパートナーとしての顧客

「ブランドは一体誰のものなのか」というのは、マーケティングの世界でたびたび議論されるテーマのひとつだが、これまで見てきたとおり、それはもはや企業だけのものではないことは明らかだ。マーケティング理論の大家であるフィリップ・コトラーは『コトラーのマーケティング3・0』(朝日新聞出版)の中でこう述べている。

マーケティング3・0では、ブランドがいったん成功したら、当該ブランドはもう企業のものではなくなるということだ。マーケティング3・0を採用する企業は、企業がブランドをコントロールするのは不可能に近いという事実を受け入れなければならない。ブランドは消費者のものであり、ブランドのミッションはもう消費者のミッションになっている。企業にできるのは、自社の行動をブランドのミッションと一致させることだけである。

企業は消費者をコントロールするのではなく、消費者の声に従うだけでもない。あるときは相手を導き、あるときは助けられながら、ブランドに関わりたいと思っている顧客のエネルギーに気づき、それをどう増幅させるのかを考えること。両者の関係性から新しいストーリーが生み出され、共有される。そこでは、企業と顧客の双方がブランドの未来を開拓していくパートナーとなる。

第5章

動いていく「真実の瞬間」

ホールフーズ・マーケットの苦境を救ったもの

なくなったら困る。そういう気持ちにさせられるのはモノだけではないと思う。たとえば、ツイッター社の経営が厳しい状況にあることが報じられるたびに「なくなったら困る」「有料でもいいから続けてほしい」というツイートが流れる。若い女性を中心に多くのファンを持つウェブメディア「ＭＥＲＹ」の全記事が非公開になったときには、「ＭＥＲＹを見れなくなってさみしい」「明日から何を見ればいいの」「明日から女子になれない」といった悲痛とも呼べる叫びがＳＮＳで広がった。

一方で、大切なものがなくなる前になんとかしようと立ち上がる人たちもいる。そうして助けられた会社のひとつが米国のホールフーズ・マーケットだ。健康意識の高い人、グルメ志向の人向けに自然食品を扱う食品スーパーとして根強い人気がある。創業者の一人であるジョン・マッキー氏は２つの大学で哲学、宗教学、歴史学、世界文学を学び、既存の文化や体制を否定するカウンターカルチャー運動に出会い、政治的には進歩主義にハマるという青春時代を送った。1978年にガールフレンドと会社を立ち上げ、理想に燃えて自然食料品店を始め、2年後に別の自然食料品店を合併し、ホールフーズ・マーケットと名付けた。

短期間のうちに大きな成功を収めたものの、店があるオースチンが1981年に70年ぶりの大洪水に見舞われる。店舗は床上浸水し、営業を続けることが困難に。貯金も保険もなければ在庫も残っていない。もはや破産状態となっていた。この絶望的な状況の中でマッキー氏が社員と復旧作業をしていると、予想もしないことが起こった。何十人もの顧客や近所の住民が店に駆けつけ、掃除を手伝い始めたのだ。そして、その後数週間、人がやってきて掃除と修繕を手伝った。なぜ手伝ってくれるのかを尋ねると「ホールフーズは私にとって本当に重要なんです。ホールフーズがここになかったら、あるいはもしここからいなくなったら、オースチンに住みたいとは思わないかもしれません。それほどこの店は私の生活にとって大きな存在なのです」という答えが返ってきたという。

マッキー氏は当時のことを自著『世界でいちばん大切にしたい会社』（ジョン・

マッキー、ラジェンドラ・シソーディア著、翔泳社）にこう記している。「私達が受けた感動の大きさはどんなに誇張してもしすぎることはないだろう。お客様にそれほど愛されていたという実感は店の再開を決意させるのに十分だった」と。助けてくれたのは顧客だけではなかった。多くの社員は無給で働き、取引先はツケで商品を置いてくれた。投資家も追加投資をしてくれたから在庫を確保できた。そのおかげで、洪水後わずか28日後に店を再開することができたという。

ああいう経験があったからこそ、私たちはステークホルダーの重要性とビジネスにおける愛情の力を十分に理解できた。ステークホルダーが会社の成功にとっていかに重要か。そのことを彼らが教えてくれたのだ。ホールフーズはステークホルダーの支えがなければ成功しなかった。いや、生き残ることさえできなかった。企業を支えているのはステークホルダーだということ。ステークホルダーこそが企業の愛情、魂、活力とは何かを具現化してくれる存在であること――この点については、以上の説明で十分おわかりいただけたのではないだろうか。

（前掲書）

「真実の瞬間」を求めて
～ZMOTからTMOTまで～

洪水という地域全体にダメージを与える災害の中で、住民が手を差し伸べてくれたホールフーズ・マーケット。では、そうした強い気持ちはどのような過程を経て生まれたのだろうか。ひとりひとりの顧客の中に起きた変化についてミクロな視点から考えてみよう。

「真実の瞬間（Moment of Truth）」というマーケティング用語をご存知だろうか。「消費行動における重要な顧客接点（とその瞬間）」のことを指す言葉で、スカンジナビア航空のCEO（当時）ヤン・カールソン氏が著した『真実の瞬間』（ダイヤモンド社）という書籍における重要なキーワードだ。カールソン氏がトップに就任にしたとき、同社は2年連続の赤字にあえいでいた。経営を立て直すため、ターゲット層をビジネスパーソンに定め、ヨーロッパ路線ではファーストクラスを廃止し、「ユーロクラス」という新しい区画を設けてサービスを充実させた。

低迷していた業界での評価を向上させるため、これ以外にも様々な顧客サービスの見直しを行った。その際の重要な概念が「真実の瞬間」である。年に1000万人の旅客が飛行機に乗ると、平均5人の乗務員に約15秒ずつ接する機会があることを明らかにした彼らは、その旅客と接する短い時間の中で、競合他社と異なるブランド体験を提供することができれば明確な差別化ができると判断。顧客と接するこの15秒間を「真実の瞬間」とし、ブランドにとって最も重要な瞬間であると定義した。ここから、ブランドが消費者の意思決定に影響を及ぼす重要な接点が議論されるようになった。

その後、P&Gがこの概念を捉え直し、顧客は店頭の棚の前に立った瞬間の3～7秒の間に製品の購入を決定し、さらに家で使用する瞬間にその製品を再び購入するかどうかを決めているという調査結果を発表した。そして、店頭での最初の顧客接点を「First Moment of Truth（FMOT）」、製品を使ってもらう瞬間を「Second Moment of Truth（SMOT）」と定義した。さらに2000年代に入り、今度はグーグルがFMOTの前に存在する「Zero Moment of Truth（ZMOT）」を提唱した［※］。顧客は店頭に来る前にネットで検索をし、商品のレビューを閲覧する。店頭で商品に触れる前の、ゼロポイントこそ重要だと主張したのだ。

新しいメンタルモデル

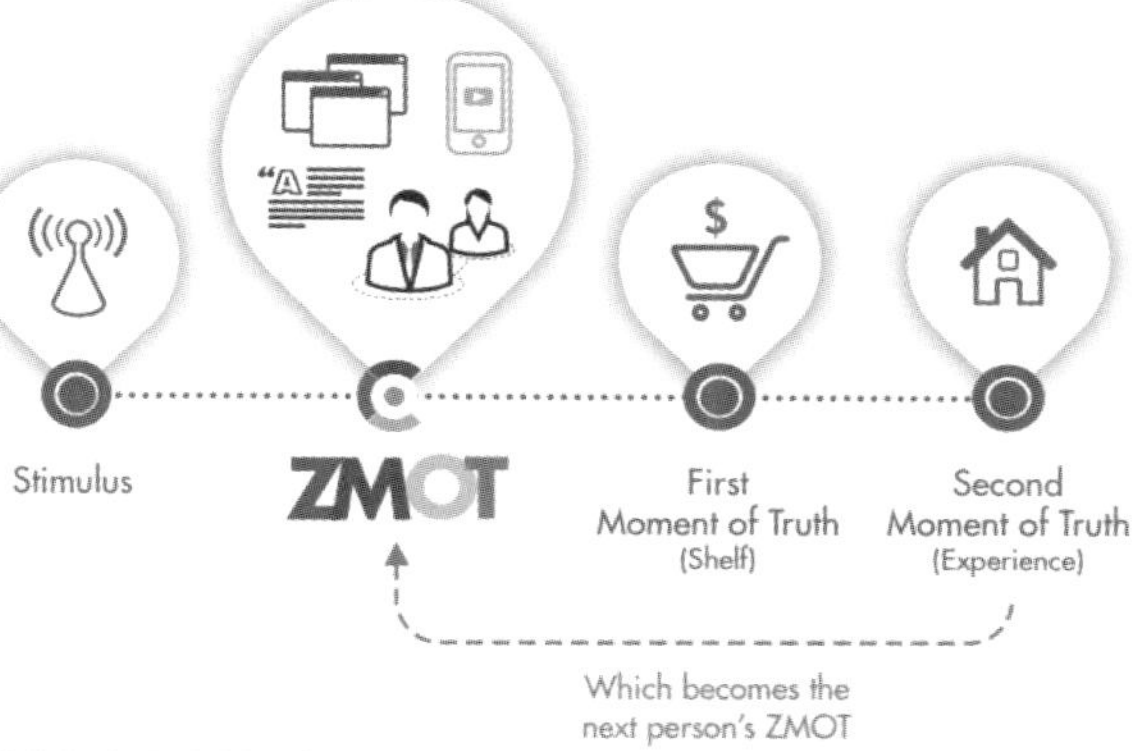

出典："WINNING THE ZERO MOMENT OF TRUTH" by Jim Lecinski, think with Google
https://www.thinkwithgoogle.com/marketing-resources/micro-moments/2011-winning-zmot-ebook/

グーグルは、ZMOTの前に「Stimulus（なんらかの刺激）」があり、それがトリガーとなって人々は検索をすると説明する。一般的なテレビCMや雑誌広告、何かしらの商品やブランドの刺激があって、人はグーグルの検索ページを訪れるという行動モデルになっている。ここで考えなければいけないのは、現代において、この「Stimulus＝刺激」がかなり変化してきているということだ。

ソーシャルメディアの台頭とともに、人々の1日あたりのSNSへの接触時間が増加すると、友達や知人などのリアルなつながりだけでなく、ネット上の有名人、タレントやユーチューバーなどをフォローすることによって、駅で電車を待っている間にも、スマホから様々な刺激が与えられる。ZMOTの前にある「刺激」の中で、フォローしている人から発信される情報の影響力を増しているのだ。そして、人々が知りたい情報も少しずつ変化している。若年層を中心に、グーグルで検索せずにSNS内で検索する人が増えているのは、たとえば「ガリガリ君」のちょっと変わった味のアイスが新発売になったとき、人は新しい商品の情報だけでなく「食べてどうだったか」も知りたいからだ。

そして、情報に対する反応も、単なる「これいいね」「この人ステキ」だけではなくなりつつある。たとえば、「この人いいな、ステキだな」「この人が紹介しているもの、私も好き」と思って誰かをインスタグラムでフォローしているとき、その人が投稿したパンケーキの写真に目が留まったら、そこに添えてある店名と位置情報を見て、同じ店に行くこともできる。さらに、店にあるメニューを見ずにスマホの画面を見せて「この写真のパンケーキください」と言うこともできるのだ。スマホを通じて、自分と趣味の合う人からのオススメが容易に得られる現在、何を買うか、何を体験するかはZMOTの前の段階で、かなりの確度で勝負が決まる可能性が高いと言える。

※"WINNING THE ZERO MOMENT OF TRUTH" by Jim Lecinski, think with Google
https://www.thinkwithgoogle.com/marketing-resources/micro-moments/2011-winning-zmot-ebook/

ＺＭＯＴに影響を与える「Third Moment of Truth」

人からの「推奨」や「影響」が重要であるということはわかったが、それをコントロールすることはやはり難しい。そこで次に登場したのが、ＺＭＯＴ、ＦＭＯＴ、ＳＭＯＴに続く「Third Moment of Truth（TMOT）」だ。この「第三の真実の瞬間」は、商品・サービスを購入し、使って満足するだけでなく、それが自らの生活において特別な存在としてランクが上がった瞬間を指す。

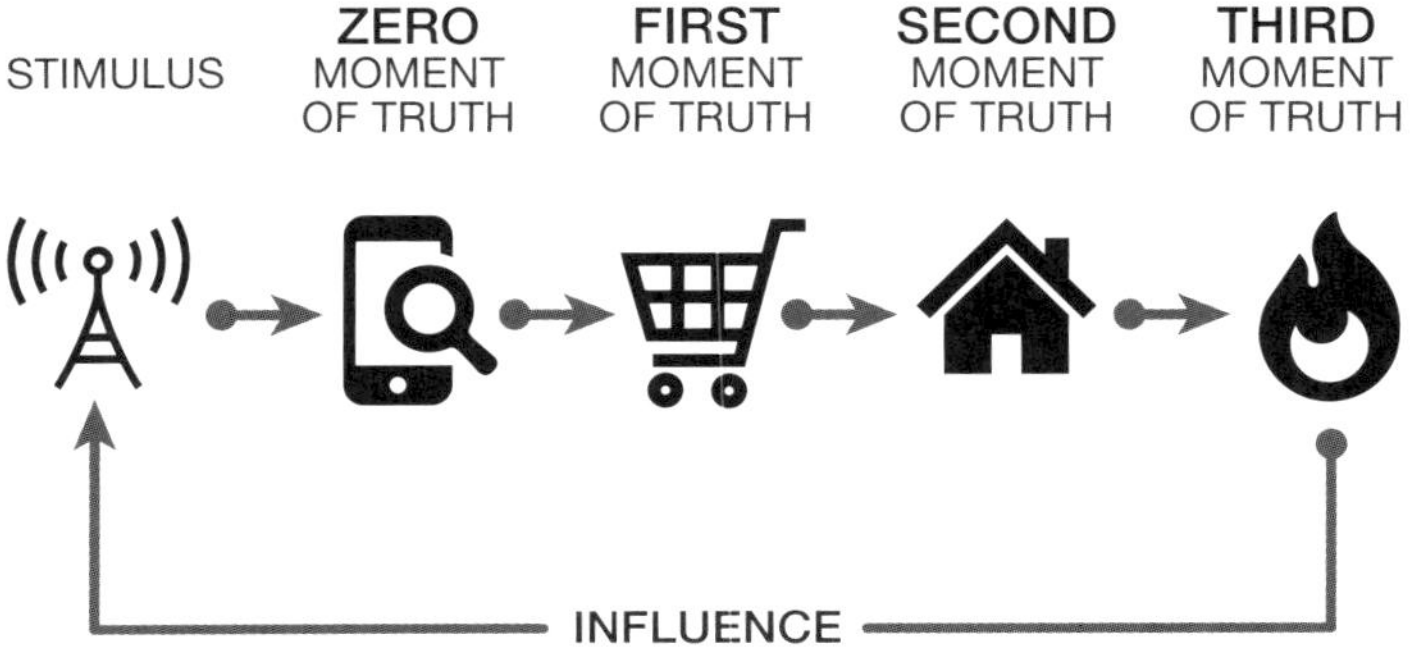

それは顧客のロイヤルティを高め、顧客満足を超えて商品・ブランドに対する熱量が高まる瞬間と言えるだろう。ＳＭＯＴとＴＭＯＴはどちらも購入後の体験という意味では同じだが、SecondとThirdではハッキリとその状態が異なる。ＳＭＯＴはその商品を購入して一定の満足を得た状態で、顧客が再購入してもいいという評価を与える機会を指す。一方、ＴＭＯＴは顧客に期待以上の価値を提供し、その人にとってなくてはならない存在になる瞬間を指しているからだ。商品に満足して再購入しただけではＴＭＯＴにはならない。

そしてＴＭＯＴにまで至った人たちは、商品・ブランドに対する熱量も高まっていく。ここで、ホールフーズ・マーケットが苦境に陥ったときの話を思い出してみよう。店に手を差し伸べてくれた地元の人たちは、新しい自然食品店で買い物をし、買ってきた野菜で料理し、それを口にするという生活を送る中で、何かが変わる瞬間を積み重ねていったのではないだろうか。これまでにないおいしさ、健康という価値、生活の質が向上したという実感。それらが自分の生活の一部となったとき、彼らはそれを失いたくないと感じたはずだ。だからこそその気持ちが刺激となり、「店を助けるんだ」という行動につながったのではないだろうか。

ホールフーズ・マーケットのエピソードは、企業をとりまくステークホルダーに、ブランドをかけがえのない存在と感じてもらうことが、企業活動の継続に寄与した理想的なケースだ。ここから、マーケターは何を学ぶべきだろうか。人からの「推奨」や「影響」が重要であるとわかったからといって、それらを意図的に操作することは当然ながら不可能だし、刺激を与え続けることにも限界がある。そうではなくて「人からの推奨」や「人からの影響」が自然と発生するような環境をいかに生み出すか、人々がブランドに感動・熱狂する機会をいかに作れるかを考えていかなければならない。マーケターは拙速にこの推奨を求めがちだが、言い換えると「北風と太陽」における太陽のような振る舞いが求められるはずだ。

「北風の戦略」は、強制的にクチコミを発生させるため、常に費用を継続的に投下し続けなければならない。それに対し「太陽の戦略」は商品・ブランドを愛してくれている人に、もっと好きになってもらうための施策を展開し、顧客は自らの意思で周囲の人へ魅力を伝える。人から人へ情報が拡散するSNSの時代には、この視点の重要性はより高まっていると言えるだろう。

唯一無二の強みは何か

とはいえ、熱量が高く、高関与の顧客の割合は、ピラミッド全体で見ると非常に小さい。そして、熱量を高めるのには一定の時間がかかる。この課題があるからこそ、北風的な戦略を続けざるをえないという企業も多いだろう。いかに多くの人の熱量を高めるか、またそこにかかる時間をいかに確保、あるいは圧縮するかを考えていかなければならない。そのためには、ブランドにとって本当に大切な顧客は誰かを再定義し、彼らとの接点、彼らの持つ文脈を明らかにすることで、ブランドにとっての「Third Moment of Truth」、つまりブランドに感動・熱狂する瞬間をひとつひとつデザインしていくプロセスが欠かせない。

熱狂顧客へのアプローチは「自社にとっての強みは何か」を見つめ直す戦略といっても過言ではない。顧客が自社のブランドに熱狂する瞬間、それがまさにTMOTと言えるからだ。弱みを補完する戦略では、負けない戦略は作れても勝てる戦略にはならない。すでに難しいマーケティング環境の中で勝てるチャンスを生み出すには、自社の強みを最大限に活かした戦略しか選択肢はない。

新潟県三条市に本社を構えるキャンプ用品メーカーのスノーピークは、熱狂的なファンが多く存在することで有名だ。社員も無類のキャンプ好きで、社長の山井太氏はテントで年間40泊以上するとも言われている。本社は、ファンの間で「Headquarters（ヘッドクォーターズ）」と呼ばれ、それ自体が5万坪もあるキャンプ場として開放されている。僕もその場所を訪れたことがあるが、彼らの働くオフィスからはそのキャンプ場を一望できるようになっていた。同社はファンを対象に、

「Snow Peak Way」というキャンプイベントを定期的に開催している。このイベントはキャンプブームが下火になった90年代後半に、一人の社員が「もう一度、お客様の声を聞いてみませんか」と提案し、始まったものだという。今でも山井氏はこのイベントに参加し、焚き火を囲みながら直接お客様と対話している。

僕が山井氏にこの焚き火トークについて尋ねると、彼は「自分が一番（お客様から）サンドバックになった自信がありますよ」と語ってくれた。ファンや社員と触れ合うだけでなく、次の製品開発やコミュニケーション戦略において、重要なヒントを得る場になっているのだ。アウトドアブランドが自ら運営するキャンプ場は自社の強みをプレゼンテーションできる理想的な環境である。そこでともに夜を明かす中でしか聞けない話もあるだろう。イベントは、ブランドの良さを再確認しながら、ファン自身がそのブランドに貢献できる瞬間を提供することでもある。その積み重ねがいつか新たなＴＭＯＴの瞬間を生み出すことにつながるはずだ。

アマゾン、ネスレの顧客戦略

　アマゾンは２０１７年、ホールフーズ・マーケットの買収を発表した。マッキー氏が本を上梓した２０１３年には誰もが予想していなかったことだ。そして２０１７年は、コーヒーの世界に「サードウェーブ」という新しい波を起こし、焙煎から手をかけて、ていねいに淹れたコーヒーのおいしさで世界中にファンを持つ「ブルーボトルコーヒー」の買収をネスレが発表した年でもある。ブルーボトルコーヒーは日本上陸の際、多くのファンが行列を作り、雑誌やメディアでは日本の喫茶店におもてなしを学んだと創業者自ら語っていただけに、インスタントコーヒーのメーカーに買収されることに「失望した」ファンもいただろう。しかし、アマゾン、ネスレといった企業が、熱量の高いファンを持つブランドを迎え入れたことは、オムニチャネルへの布石だけでなく企業の顧客戦略の変化を象徴する出来事だと思う。

　当時は買収を予想だにしなかったであろうマッキー氏の本にはこんな一節がある。

アマゾンのジェフ・ベゾスは次のように指摘する。「たいていの企業のミーティングには、もしかしたら最も重要かもしれない関係者が出席しておりません。それはお客様です。だから、私たちは会社の中にいるとついお客様のことを忘れてしまいます」。そこでベゾスは、会議を開催する場合には、だれも座っていない椅子を必ず用意し、参加者に顧客の存在を意識させるようにした。

（前掲書）

そのアマゾンは、２０１６年12月にひとつの動画をユーチューブで公開した。「Introducing Amazon Go and the world's most advanced shopping technology」と題した動画は２０１７年12月時点で９９９万回以上再生されている。これは商品を持って店を出ていくだけでセンサーや画像分析などのテクノロジーを使って買い物ができる「Amazon Go」というレジなし店舗を紹介する動画だ。

スマートフォンのアプリを使って入口でチェックインすれば、棚から商品を手に取って、バーコードをセルフレジにかざすことなく、店を出ることができる。商品を一度手に取ってから棚に戻してもしっかりセンサーが検知する様子がテンポよく描かれる。そして、最後にレジで会計をせずに店を出ていくシーンは、見ている方が少しドキドキするくらいだ。この衝撃的な店舗の構想を発表するにあたって、アマゾンは通常のプレスリリース文書を出さなかった。公開されたのはこの2分足らずの動画だけ。しかし、この動画は瞬く間に話題となり、拡散された。これは文字通り熱狂を巻き起こし、多くのメディアが取り上げることとなった。なぜなら、そこで駆使されていたコンピュータ・ビジョンやディープラーニングは、企業がどうやってビジネス活用をしていこうか試行錯誤している注目の技術だったからだ。決して最先端の技術ばかりではないが、アマゾンは見事にそれらを組み合わせ、決済という小売店で当たり前とされるプロセスを省略可能にし、新たな顧客体験をデザインした。それは、アップルが生み出す製品がモノとしてのシンプルな美しさを備えているように、多くの人の目に、すぐ近くの未来を予感させるシンプルで美しい体験と映っただろう。

アマゾンは「地球上で最もお客様を大切にする企業」というスローガンを掲げている。そのために、豊富な品揃え、安心して買える価格、配送の利便性だけでなく、データ活用やドローンなどデジタル時代の強みも磨き、ビジネス界から注目を集めてきた。Amazon Goの動画は、それ自体が大いなる「刺激」となり、熱狂を生み出すきっかけになった。最初にその動画を目にした人は、新しいテクノロジーに興味のある限られた層の人たちだったかもしれない。しかし、その刺激の強さ、「刺さった」ときの興奮が、「見てよこれ、アマゾンすごいよ」とネットで情報を拡散するエネルギーにつながる。

グーグルをはじめとする米国のＩＴ企業の多くは、堅苦しいプレスリリースは発表せずに、公式ブログを立ち上げ、ユーザーに語り掛けるような口調で新サービスの発表を行うが、アマゾンは伝統的なスタイルのプレスリリースを粛々と発表する会社だった。しかし、この「Amazon Go」では文字情報は捨てて、動画一本に絞った。発表後、レジなし店舗で使われているテクノロジーについての説明は数多くのＩＴ・ビジネス系のメディアがこぞって紹介した。技術に興味のある人の関心はそれで十分満たされただろう。

ここにはテクノロジー企業の強み、「新しい技術によって生活を変える」というビジョンが詰まっている。これらの企業はスピードも追い求める。スタートトゥデイのZOZOSUITは、閉塞するファッション業界に新たな風を吹き込み、Ｓ・Ｍ・Ｌというサイズの縛りから人々を解放し、「あなたのサイズに合った服を提供します」というメッセージを近未来的なビジュアルで瞬時に伝えた。そのニュースを知り、熱狂した多くの人たちは、即座にZOZOSUITを申し込んだ。そしてその瞬間から、ブランドのストーリーが始まる。申し込んだ人たちは、これからZOZOSUITのストーリーを一緒に作っていく仲間となる。何十万ものユーザーが企業に提供する詳細なボディサイズという、これまでなかったデータの集積。そこから生まれるストーリーは企業側があらかじめ用意したものではない。それは企業自身も知らないストーリーだからこそ、企業も顧客もワクワクする。これは、熱狂に関する新しいケーススタディのひとつである。そこでは、マーケティングファネルも、真実の瞬間も圧縮され、もはや従来の形をとどめないだろう。

アマゾンは2017年にもうひとつ「Amazon Key」という新しいサービスを発表した。利用者が不在の自宅でもスマートロックを使って、業者がドアを開けられるようにしたものだ。これによってECにつきものの再配達などの不便さを取り除くだけでなく、アマゾンで申し込み可能なペットシッターや掃除サービスなどの利用拡大にもつながる。アマゾンやスタートトゥデイは、人の心の中にあると思われていたハードルがなかったかのように新しいサービスを提案する。彼らはもはや「真実の瞬間」という概念では捉えきれない、顧客の心の中のフロンティアにチャレンジしているかのようだ。

第6章

熱量を高めるループを設計する

熱量を高めるプロセス

「熱量」をキーワードに顧客体験を考えるとき、企業がターゲット層に刺激を与えて「熱量」を高める施策ではなく、高いところから低いところへスムーズに熱が伝搬していく環境をどのように作っていけばいいのかという視点が重要になる。本章ではそのプロセスについて、次の３つのステップをベースに考えていきたいと思う。

①心の中にある「壁」を超える体験を提供する（心に刺さる瞬間）
②顧客の中に火を灯し続ける（継続する共感、心の中のポジションを獲得する）
③熱を伝える（レバレッジをかける）

まずは、顧客の心の中に存在するある種の「壁」を越える体験をしてもらうことからスタートしよう。ブランドに対してまだ特別な感情を抱いていない人がブランドを好きになる、特別な存在として認知するための環境づくりが不可欠だ。そのためには

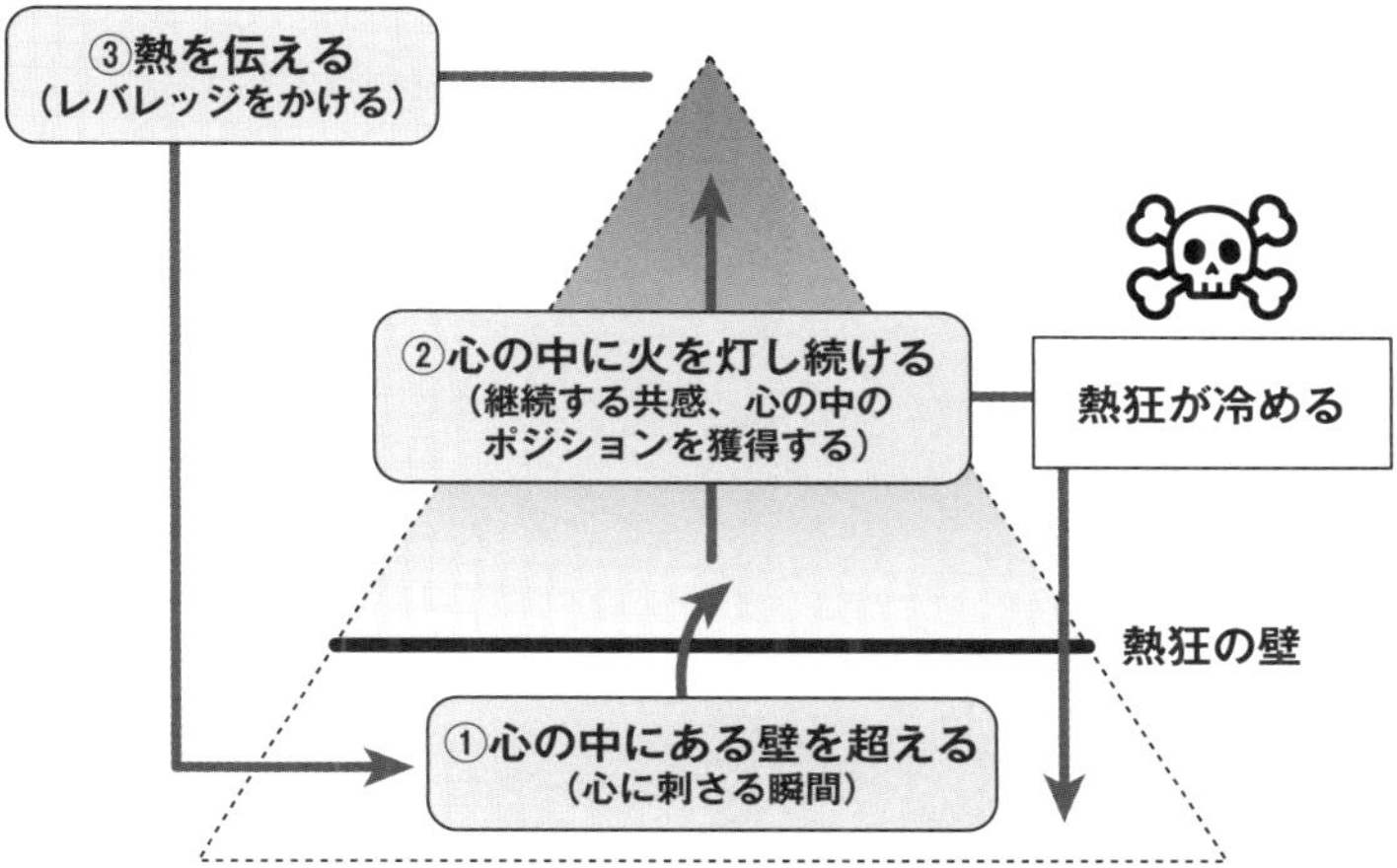

壁を越えるための「ハシゴ」をかけてあげる必要がある。そのためのアプローチをいくつか紹介しよう。

心の中にある壁を超える（4つのハシゴ）

まずひとつめは**「愛着」のハシゴ**だ。

人は長く使い続ければ使い続けるほど、商品やブランドに対して愛着を感じやすくなる。アウトドアブランドのパタゴニアは、商品の修理・サポートが充実していることでも知られている。たとえばダウンジャケットが破れたとカスタマーサービスへ連絡した場合、できる限り自社の素材で修理をしてお客様に届けるといった手間と時間をかけている。また、環境問題に取り組む同社は、店舗で会計をする際に商品を袋に入れたりはしない。マイバッグを推奨しているからだ。袋が必要な場合はデポジット制でバッグの貸し出しを行っている。デパートのような接客に慣れている人は、ちょっと不便だと感じるかもしれない。しかし「なぜ袋を提供しないのか」を双方が理解していれば、レジでのやり取りもブランドの世界観を共有することにつながる。

また、女性に人気のファッションブランドのミナ ペルホネンでは、洋服のレンタルサービスを行っている。今でこそ、ネットを通じたファッションのレンタルサービスは珍しくないが、このブランドのレンタルサービスはその世界観を表現するアプローチのひとつだ。レンタルサービスのページにはデザイナー皆川明氏の手書きメッセージが掲載されている。そこには服を長く愛してほしいという願い、特別な日の装いをゆっくり試す機会を楽しんでもらいたいという想いが込められている。毎シーズン、新作が発表されては消えていくファッションの世界において、自分のものにはできないけれど、袖を通すことができるレンタルはとてもうれしいサービスだろう。京都の店舗でこのサービスを利用する際には予約をし、スタッフから取り扱いについての説明を聞き、一緒にアイテムの状態を確認する。試着は一人1時間までだが、利用状況によって延長も可能で、ゆったりとした時間と空間の中で服を選べる環境が用意されている。

短期的な収益を考えれば、壊れたら新しい商品を買ってもらう方がビジネスとしての効率は良さそうだが、自社商品をより長く使ってもらえるような仕組みづくり、あるいは、その人の特別な日に寄り添いたいというコンセプトは、ブランドに愛着を持ってもらう環境づくりのひとつと言える。

2つめは**「親密」のハシゴだ。**

消費者にとって企業は顔の見えない遠い存在と感じることが多い。これまでは、芸能人やスポーツ選手をキャラクターに起用し、彼らにメッセージを託してきたが、社員が企業と顧客の間に立ち、顔の見えるコミュニケーションを図ることでブランドへの親密度を高めることができる。ヤッホーブルーイングでは、一大イベントである「超宴」をすべて自社の社員が主体的に運営をしている。所属部署に関係なく社員がすすんでイベントに参加し、様々な企画を考えて運営することによって、顧客を自らの手で楽しませ、顧客は目の前にいる社員という「人」を通して、ブランドを体感する。社員と顧客の個性がエンターテインメントとなってイベントが成立するのは、一緒に飲んで楽しめる商品がベースにあってこそだろう。この場には「共感」や「承認」といった親密な関係を生み出す要素も含まれる。「これは私のための商品(サービス)だ」と感じとってもらうために重要なファクターだ。

「親密さ」は一見、熱量が低いと思われるかもしれない。しかし「これは私のためのものかどうか」という判断は、ネットのコンテンツ消費においては一瞬で行われる。SNSのタイムラインを流れるコンテンツは、ユーザーの興味関心に最適化されているにもかかわらず、ユーザーは見る／見ないを一瞬で判断しスクロールしていく。「親密さ」「共感」「承認」という、人が安心し、心地よいと感じる要素に対するセンサーは鋭い。これらは「熱狂」のような激しいイメージはないが、瞬時の好悪の判断につながるものと考えた方がいいだろう。

3つめは**「感動」のハシゴ**だ。

思いもよらない体験が顧客の心を揺さぶる。そこからブランドへの愛は一気に高まるだろう。顧客の期待値がどこにあるのかを見極め、そのうえで、顧客の期待を越えた価値を提供できるかどうかが、「感動」のハシゴをかけるカギになる。ビリー・ジョエルのチケット交換のオファーはその一例である。

アマゾンが買収した、靴のオンラインショップのザッポスでは、顧客に「ＷＯＷ」を提供することを軸にコミュニケーションを展開している。特にカスタマーサポートを顧客との重要な接点と捉え、顧客視点に立った対応を徹底している。問い合わせのあった商品を自社で扱ってない場合は他社のサービスを紹介するなど、普通では考えられないサポートまで行っている。

友人の体験談だが、かつて神保町の大型書店にＩＴ関連の解説書を探しに行ったときに、そのコーナーを担当している名物スタッフに在庫の有無を尋ねたら「この本は今うちにはないんですよ。秋葉原のあの書店ならあると思う。行ってみて、もしあったらすぐに買った方がいい」と言われたという。神保町から秋葉原まで歩いてその書店に行ってみたら、本当にその書籍を見つけることができた。品薄の名著だったため、友人がその場でありがたく購入したことは言うまでもない。自分の店で買ってもらうことだけが目的なのではなく、その人が必要としているモノを手に入れる手伝いをすることが、小売店のミッションと考えているからできることだと思う。

４つめは**「学び」のハシゴ**だ。

意外かもしれないが「学び」もまた、顧客の熱量を高めるきっかけを作ってくれる。学習を通してブランド体験の質が深まっていく場合は、このアプローチが有効だ。たとえば、旅行代理店のクラブツーリズムは、シニア世代をターゲットとしたツアーを企画・展開しているが、目的地に行くことを商品にしているのではなく、その場所を軸としたテーマを設定して体験をデザインしている。「万葉集を学びに行く旅」「戦国時代を学ぶ旅」など、旅のテーマは様々だ。さらに、ツアー企画をより深く知ってもらうきっかけづくりとして、旅の前後には「旅の文化カレッジ」という学びの場を提供している。旅行に出かけて帰ってきて終わりではなく、この講座を通して利用者はツアーのテーマをより深く知り、充実した体験が可能になる。

ヤッホーブルーイングの「大人の醸造所見学ツアー」では、長野県佐久市にあるヤッホーブルーイングの醸造所を見学することができる。社員の案内で、ビールができるまでを学ぶだけでなく、テイスティングをしたり、ビールに合うおつまみまで紹介してくれる。この工場見学ツアーを毎年リピートするファンもいるという。

このように人の心の中にある壁は、様々なハシゴによって越えることができる。どのアプローチが最適なのかは、製品やサービス、顧客に合うものをしっかり考える必要がある。たったひとつの顧客体験で壁を乗り越えてもらうことは難しいし、たったひとつのネガティブな経験によって、あっという間に高い壁が生まれてしまうこともある。しかし、壁を乗り越えやすい環境を用意し、体験を積み重ねていく手助けはいくらでもできる。

ステップ
2

心の中に火を灯し続ける

ブランドが刺さる体験をした顧客の中には小さな火が灯っている。それを絶やさぬよう、その火が大きくなるような環境を作っていこう。感動的な体験がもたらす熱狂も、何もしなければいつしか冷めてしまう。忙しい現代人の可処分時間を多くの企業が奪い合う状況下では、あなたのブランドのことを思い出してもらうことすら困難だ。したがって「Always On」で顧客とつながっている必要がある。ソーシャルメディアで公式アカウントを開設して投稿したり、ユーザーのコメントに反応したりといった活動もそのひとつだ。

SNSなどのプラットフォームでつながり続ける際の重要な指標となるのが、Recency（最近いつ接点を持ったか）、Frequency（どれぐらいの頻度で接点を持っているか）、Engagement（それぞれの接点において絆を形成できているか）の3つである。このステップでの施策はオンラインにとどまらない。オンラインでは省略さ

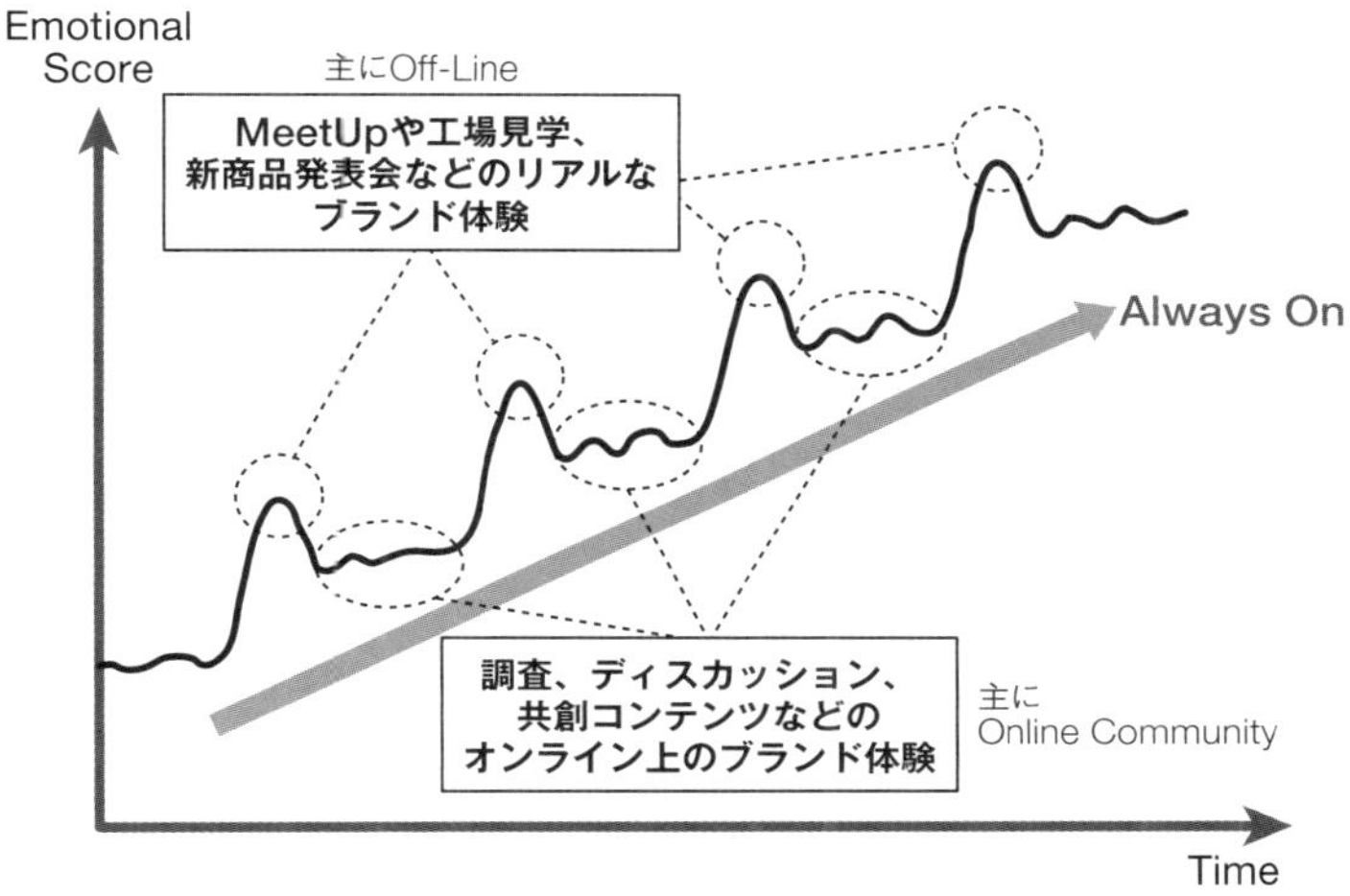

れて届かない様々な情報がオフラインの接点にはある。人の表情や声の大きさ、周囲の反応や雰囲気などの情報量を考えると、熱量を伝えるための接点としてオフラインの可能性は非常に大きい。オンラインとオフラインの双方で接点を持ち、上の図のように緩急を交えたリズムによって顧客の熱量を高めていければ理想的だろう。

単純にオフラインとオンラインのチャネルの両方から情報を発信するだけでなく、オフラインで体験したことをオンラインで反芻したり、振り返ったりする仕掛けがあるかどうか、またオンラインで集まっていたファンどうしがオフラインの場でもコミュニケーションできるような場づくりになっているかどうかも重要になる。野球観戦に行った後、自分が生で見ていた試合のニュースを再び観たくなるのと同じように、自分の感情の琴線に触れる体験は繰り返し味わいたくなる。たとえばイベント企画段階で、実施前にオンライングループで対話をしながら熱量を高めるようにしておき、終わった後もその体験を振り返り、年度ごとにアーカイブしていくことで「あの年はこうだったね」という振り返りができれば、新規の顧客も追体験ができるだろう。

また、定期購読などのサブスクリプションサービスは、1回ごとに完結する購買行動をリピートしてもらうための多大な労力を軽減してくれる。年間契約料など最初の購入ハードルは高くても、いったんそのハードルを越えれば、1年後のリピートに向けて継続的な働きかけをすることに注力できる。そして、長く続ければ続けるほど得になるような施策も提供できるだろう。このサブスクリプションモデルはメディアやECだけでなく、飲食店などの実店舗でも試みが始まっている。毎日通うカフェやラーメン店で毎回支払うよりもお得な月額料金で、好きなコーヒーを楽しんだり、ラーメンが食べられるといった形態だ。

また、ZOZOTOWNのツケ払いも、企業側が1回ごとに完結させたい決済に、商品購入から2か月の間に払ってくれればいいですよと幅を持たせることで、利用者はお金のあるときに支払えるだけでなく、「ZOZOTOWNに払わなきゃ」という気持ちを持ち続けることになる。決済という売上に直結した処理をどこに置くか。そのタイミングを大きくずらすことで、変則的だが常に気にしてもらっている状態を生み出している。

また、IoTやウェアラブルデバイスなどによって常時接続可能な環境が整えば、Recency（最近いつ接点を持ったか）、Frequency（どれぐらいの頻度で接点を持っているか）、Engagement（それぞれの接点において絆を形成できているか）という顧客との断続的な関係構築を、より柔軟なものに変えることができるだろう。

column

インスタグラムで有名になった詩人

「詩」という、現代ではマイナーになってしまった文学のジャンルで、インスタグラムというビジュアル中心のメディアを使って熱狂を巻き起こした一人の女性がいる。ルピ・クーアというその詩人は、インスタグラムに自らの感情を込めた短い詩を投稿し続け、ときに女性の性に関わる発言を行って議論を巻き起こし、カルト的な人気を集めている。彼女はインスタグラムを作品発表の場にしながら朗読会を開催し、詩集の自費出版を行ってきた。最初の詩集『milk and honey』は30か国語に翻訳され、全世界で100万部以上のセールスを記録（日本でも『ミルクとはちみつ』というタイトルで2017年にアダチプレスから出版された）。PCやスマホの画面で見るだけでなく、手元に置ける1冊の詩集は、多くのファンにとって彼女の存在を感じられるお守りのような存在なのかもしれない。

ステップ3

熱を伝える

最後に顧客の熱を周囲に伝えたり、さらに熱量を高めるフェーズについて考えてみよう。そのためには熱量の高い顧客を発見し、マーケティングパートナーとして共に活動するという考え方が必要だ。そこで大切になるのは「価値共創の考え方」である。

顧客とマーケティング活動をするというと、消費者の意見を聞いて新商品の開発を行ったり、サービスの改善を行うイメージが強い。言い換えると「消費者参加型」のマーケティングだ。しかし、ここで目指したいのは商品開発や不満の解消によるサービスの改善ではなく、中長期的に彼らと関係を築いていき、自社にとって欠かせないアドボケイツ（ブランドの支持者）と捉え、新たな価値を提供していくことにある。

リクリートが運営する結婚を控えた人たち向けの雑誌・情報サイト『ゼクシィ』が長年取り組んでいる「花嫁１０００人委員会」もその一例だろう。挙式済み・挙式予定から2年未満の人を対象に、希望者が1年間限定で、委員会のメンバーとして、『ゼクシィ』のコンテンツづくりに参画するというプロジェクトだ。結婚式という一大イベントは人生を過ごす人と一緒に何かを作り上げる最初の作業だ。自分の理想やこだわりのポイントをどう実現するか、そして意外な障害や落とし穴をどう回避するか。先輩としてこれだけは伝えたい！という思いを持っている人は多い。

エントリーすると、グループインタビューへの参加やウェブアンケートへの回答だけでなく、編集部と一緒に記事を作っていくことになる。編集者と読者という異なる立場から意見を交換することで、新しいインサイトが発掘できることがあるという。ゼクシィ編集長（当時）は「花嫁1000人委員会なしでの誌面づくりなんて、もはや考えられません」と『次世代共創マーケティング』（池田紀行、山崎晴生 著、SBクリエイティブ）の中で述べている。委員会に参加した人も挙式して終わりではなく、その体験をこれから式を挙げる人に伝えて役立ててもらうことができる。そこには結婚式というイベントに関わった人にしかわからない、見えない気持ちのリレーがある。

もちろん、企業が直接関わらなくても、熱量の高い人たちはSNSに次々と写真を投稿してくれる。そうした投稿を「いいね」やシェアすることでも熱量は伝わっていく。スマホカメラが高性能になり、写真加工ツールも使いやすくなっていくと、企業が介在しない商品のイメージがＳＮＳにあふれていく。それらＵＧＣの生き生きとしたイメージを企業サイトに取り入れるためのマーケティングツールも登場している。

消費者のニーズを上回る供給がある現代では、どんなＳＴＰ（Segmentation, Targeting, Positioning）を設計したとしても勝てる商品は作りづらくなっている。企業は売るべきものを知らず、消費者も買うべきものを知らない時代において新たな価値を生み出すには、顧客と考え、行動することの価値が以前よりも大きくなっていると思う。そして、熱量をレバレッジしていく際には、次ページの図の「Ｄ」の領域にどうアプローチするかが大切になる。

あらかじめ企業が用意したストーリーを伝えるのではなく、企業も顧客も共にこの未知の領域にアプローチすることによって新たなストーリーを作っていく。顧客はそこから生まれた製品を享受し、両者はその成功を分かち合う。そして、このことが新規顧客のＺＭＯＴに影響を与え、顧客から顧客への直接的な推奨、ＳＮＳへの投稿へ

マーケティングコミュニケーションにおけるABCDマトリクス

		相手（顧客、消費者側）	
		知っている（既知）	知らない（未知）
自分（企業側）	知っている	企業は売るべきものを知っていて、顧客も買うべきものを知っている ▶マーケティング不要 A	企業は売るべきものを知っていて、顧客は買うべきものを知らない ▶マーケティング・プロモーション B
	知らない	C 企業は売るべきものを知らず、顧客は買うべきものを知っている ▶マーケティング・リサーチ	D 企業は売るべきものを知らず、顧客も買うべきものを知らない ▶新しいマーケティングの必要性

※出典：『[実況] マーケティング教室（グロービスMBA集中講義）』
グロービス著、PHP研究所

と結びつく。これは、既存顧客から新規顧客への影響価値の発揮、B with C to Cの構図を継続的な活動として戦略的に作っていくことにつながる。

このように、3つのステップで流れを作ることによって熱量を高めるループは完成する。注意しなければならないのは、すべての人をこのループに取り込む必要はないということだ。多くの消費者にアプローチして、購入まで導くという考え方ではなく、自社ブランドにとって本当に大切な顧客を明らかにし、その人たちがどのような体験を経れば壁を越え、熱量が高まり、自社にとっての資産として、新たな顧客に影響を及ぼすことができるかを考えなければならない。

そしてもうひとつ、熱量が高い人はなんでも協力してくれると思い込まないことだ。人によってはイベントには参加するけれどオンラインコミュニティには参加しない、あるいは調査には協力しないという場合がある。顧客のパーソナリティやブランドの接し方によって行動は変わってくる。熱量が高い顧客を柵の中に閉じ込めようとしてはいけない。彼らが心地よくいられる場をどのように設計するかという姿勢が大切だ。

心を動かす琴線スイッチ

顧客の熱量を高い状態に保つことは、手法以上に、どのようなコミュニケーションをしていくかと、その中身が重要になる。熱量の高い顧客が持つブランドに対する期待は、一般の顧客よりも高い。その人たちはすでにブランドの理想像を心の中に描いているからだ。そしてその期待値は知らず知らずのうちに高まる傾向にある。そのため、ひとたび理想像とかけ離れた製品が出たり、コミュニケーションの方向性が違うと感じてしまうと「私の好きな◯◯じゃない！」と失望してしまう。彼らの期待値に合った、もしくはその期待値を超えたコミュニケーションを図っていくためには、彼らの琴線に触れるコミュニケーションや文脈が不可欠だ。彼らに「話題にしたい」「他の人にも伝えたい」と思ってもらうには、次の4つのポイントがカギとなる。

・共感（そうなんだよね！）
・承認（わかってるね！）
・発見（そうだったんだ！）
・堪能（たまらないね！）

たとえば広島カープが2015年に発売した「全部赤の3色ボールペン」なども、ファンにとっては思わず「わかってるね！」と言いたくなる商品だっただろう。カープといえば赤、まさに鯉党の生き様を表していると話題になった。これも「赤以外は認めたくない」という熱狂的なファンの心理をついた製品だ。

2017年、ニューヨークのメトロポリタン美術館で世界的に熱狂的なファンを持つファッションブランド「コム デ ギャルソン」の特別展が開かれ、単なる衣服やトレンドとして消費されるファッションではなく、強いメッセージとともにアートとして生き続けるファッションに挑戦してきたブランドの軌跡があらためて評価された。その際、ラグジュアリーブランドのECサイト「Farfetch」は、コム デ ギャルソンのアーカイブを扱うブティック「Dot COMME」とパートナーシップを組み、デザイナー川久保玲氏とブランドへのオマージュとして、過去の作品と現行コレクションをフィーチャーした。

「Dot COMME」は独立したブティックで、コム デ ギャルソンのオフィシャルパートナーではないが、多くのファンの印象に残っているアーカイブピースと現在の商品がECサイトに並ぶことで、コム デ ギャルソンというブランドの歴史とそのメッセージを感じられる。そして、それを手に入れることもできるのだ。話題を集めた美術館での企画展とECを同期させたユニークな試みとして、ネットで話題になった。

このように、熱量の高い顧客の琴線に触れるスイッチは、彼らが共有している特定の文脈に訴えかけることが必要だ。この文脈は顧客が言語化できていない場合も多い。だからこそ、その文脈を見つけ出すことがマーケターの腕の見せどころなのだ。

column

消費者がブランドとつながりたいと思う動機

顧客との距離が近くなればなるほど、相手の気持ちに踏み込むことも多くなる。コミュニケーションの際には、多少の振れ幅にも対応できる柔軟性を持って対処できるようにしておきたいものだ。海外の論文で「オンラインブランドコミュニティに消費者がエンゲージし続ける動機」について11の側面から分析しているものがある。〔※〕それを紹介しよう。

1「ブランドへの影響／Brand influence」：コミュニティのメンバーがブランドに影響を及ぼしたい

2「ブランドへの情熱／Brand passion」：メンバーがブランドに対して保有している熱狂的な愛情

3「つながり／Connecting」：コミュニティのメンバーであることによって、自身より大きな良いものとつながっているという感覚

4 「ヘルプ／Helping」：他のコミュニティメンバーと知識、経験や時間を共有することによって助けたい

5 「気の合う会話／Like-minded discussion」：自分に似ているコミュニティのメンバーとブランドについて語りたい

6 「快楽的な報酬／Reward（hedonic）」：コミュニティへの参加を通して、快楽的な報酬（たとえば面白さ、喜び、楽しさ友好的な環境、社会でのステータスなど）を得たい

7 「実利的な報酬／Reward（utilitarian）」：コミュニティへの参加を通して、経済的な報酬（たとえば金銭的な報酬、時間の節約、お買い得品やインセンティブ、グッズ、景品など）を得たい

8 「探求の支援／Seeking assistance」：コミュニティの仲間から知識、経験や時間をシェアしてもらうことで助けてほしい

9 「自己表現／Self-expression」：コミュニティは自身の興味や意見を表現できる場を提供してくれるという気持ち

10 「最新情報／Up-to-date information」：コミュニティが最新の情報を提供し、常にブランドや商品に関してよく知っている状態にしてくれる

11 「確認／Validation」：他のコミュニティメンバーが自身の意見、アイデアや興味の大切さを認めてくれる

これらひとつひとつに完全に対応しようとするよりも、まずは様々な動機があることを知っておこう。そのうえで、相手が求めているものが明確になったときには、タイミングよく望んでいるものを提供できるように備えておこう。

※"Online brand community engagement: Scale development and validation" Brian J. Baldus, Clay Voorhees, Roger Calantone (2015)

第7章

顧客に関する指標

成長率と相関性の高い指標「NPS」

第3章で、ブランドに対する熱狂度、ブランドの推奨意向度、顧客の購入量に分けて考えるべきだと述べたが、顧客分析の指標はいくつか存在する。ここではまずよく知られている指標「NPS」から考えてみよう。NPS（Net Promoter Score）は、「あなたはそのブランドをどれぐらい人に勧めたいと思いますか？」という設問に対して、0～10の11段階のスコアで答えるものだ。11段階のスコアのうち、9と10をつけた人を「推奨者」、7と8をつけた人を「中立者」、0～6をつけた人を「批判者」とし、推奨者の割合から批判者の割合を引き算することで算出する。

この指標に対する注目が高まったのは、ビジネスの中長期的な成長性に関係があるとみなされるようになったからだ。『顧客の信頼を勝ちとる18の法則 アドボカシー・マーケティング』（山岡隆志著、日本経済新聞出版社）で紹介されているサウスウエスト航空の事例を見ると、3年間の利益成長率と最も相関性の高かった指標としてN

NPS（Net Promoter Score：正味推奨者比率）とは…

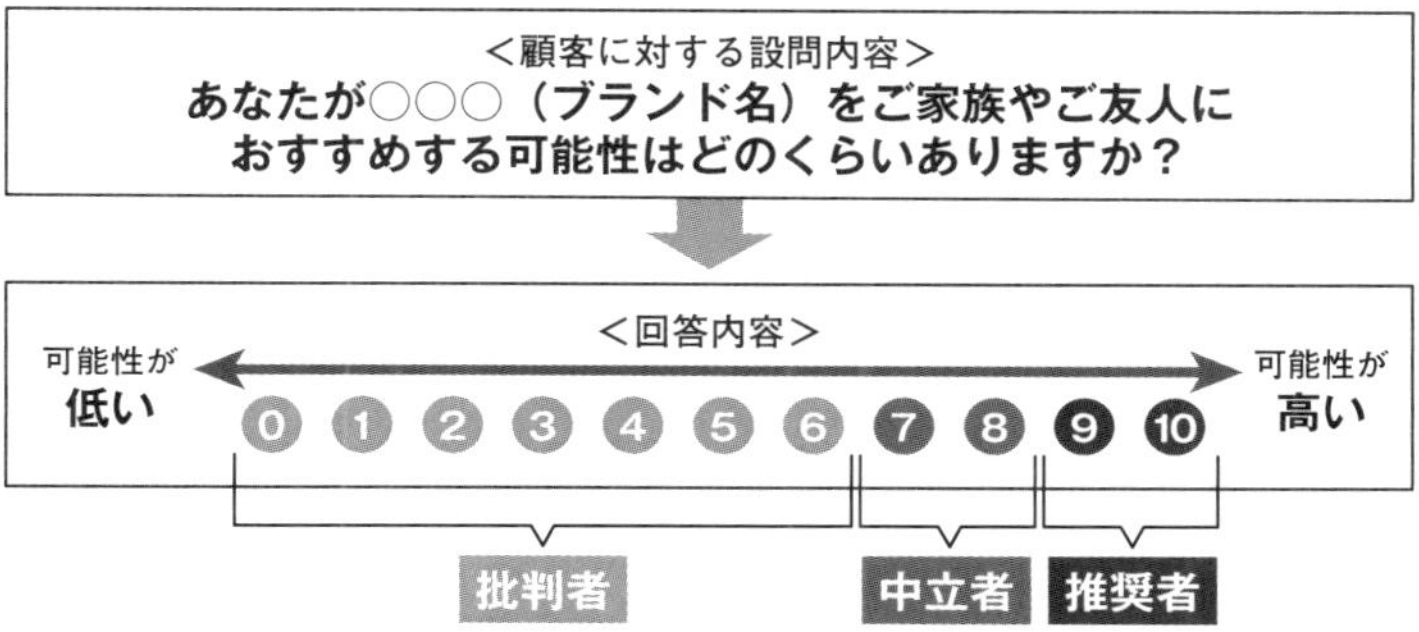

NPS ＝ 推奨者の割合（%）ー 批判者の割合（%）

例1：顧客100名中　推奨者70名（70%）中立者20名（20%）批判者10名（10%）の場合、NPSは60%
例2：顧客100名中　推奨者20名（20%）中立者30名（20%）批判者50名（50%）の場合、NPSは−30%

※NPSは、米国ベイン＆カンパニーのフェロー、フレデリック・ライクヘルド氏が中心となって開発した調査手法

ＰＳが挙がっている。ＮＰＳは購入者の満足度とは異なり、他社への推奨というアクションにつながる意向を測る。どのくらいの顧客が自らプロモーターとなってくれるのかを知り、その指標を改善することができれば売上にもインパクトがある。そのため海外だけでなく、国内の企業もこの指標に注目するようになってきた。スコアのうち、９と10の推奨者が多くても、０〜６の批判者の方が圧倒的に多ければ、数値は大きくマイナスになってしまう。そうなるとあまりブランドとしての競争力はないということになるだろう。

ただし、日本ではNPSの数値が低く出るという傾向があるため、場合によっては独自の算出方法を用いている場合もある。また、NPSですべてを判断することは難しい。ブランドに好意を抱いている顧客はすべて推奨意向が高いとは限らないからだ。「自分は好きだが、特に人に勧めたいとは思わない」「高額商品なので、買う人を選ぶと思う」というケースもある。また、そもそも人に勧めづらい商材も存在する。たとえば、お悩み商材を直接勧めたら、「余計なお世話」と気分を害する人もいるかもしれない。またちょっと尖ったファッションアイテムなど自分のアイデンティティに関わるものは、同じ趣味だとわかっている人以外に勧めるのは気が引けるかもしれない。そのため、推奨行動に関してNPSだけを指標とするのは不十分と感じる場合もある。

もうひとつの指標「購入量」はどうだろうか。確かにNPSの高い人は購入量が高い傾向にある。しかし購入量が多い人は皆NPSが高いかというと、そうとは言い切れない。「お店が近かったから」「なんとなく習慣的に購入していたから」などの理由で、購入量に顧客の感情がともなわないケースもある。そうした人たちが商品を勧めるかというと、可能性は低いだろう。

そこで本書ではNPSに加えて、「熱狂度」をブランドに対する熱量を測る指標として提案したい。購入している人がどのくらいブランドを愛して買ってくれているのかを計測し、そういう人たちの割合を算出するのだ。ある商品やサービスを良いと思うか、あるいは満足しているかを測るのではなく、そうしたレベルを超えた「存在」になっているかを尋ねるのだ。売上が企業を形作る骨格なら、熱狂度は筋肉と言える。どれだけ骨格がしっかりしていたとしても、しっかり筋肉がついていなければ成長や発展は望めないだろう。自社の売上の健全性、確実性、将来性をさらに強固なものにするために顧客の熱量を知ることは欠かせない。

もうひとつ重要なのは、ブランドの想起集合（Evoked Set）の順位を調査していくことだ。想起集合というのは、たとえば「歯磨き粉といえば何ですか？」と質問されたときに、あなたの頭の中で浮かんだブランド群を指す。一般的な消費者が、ひとつのカテゴリーの中で想起するブランドの数は多くて3つと言われており、この順位によって購入に至る確率は大きく変わってくる。1位のブランドは購入される確率が飛躍的に高まるが、4位以下の圏外にあると思い出されることすらない可能性もある。

いずれにしてもポイントは、長期でこれらの指標を測定していくことだ。サウスウエスト航空のケースで最も注目すべきなのは、単年度ではなく複数年の利益成長率とNPSの分析を行った点だと考える。長期的な視点に立ったからこそ、本質的に重要な指標が明らかになった。しかしマーケティングの現場では、単年度で結果を出すということがミッションになっている場合がほとんどだろう。複数年での効果をじっとガマンして待つことができるマーケティング責任者は少ない。特に航空業界は価格競争に陥りやすい業界だと言われている。ある目的地に行くための手段として飛行機を見ている人は「このブランドでなければ」というより、「とにかくより安く行きたい」と判断するだろう。そんな中で、単年度で業績を評価する経営を続けていれば価格競争からは逃れられない。

自社でできる努力をしたうえで、どこで差をつけるか。そのとき、ステークホルダーとしての顧客の存在、そしてその資産や価値をいかに生かしていくかが見えてくる。選ぶ側の最優先事項が価格だとしても、わずかな料金の違いしかなくて迷っているときに、一緒に行く友だちが「サウスウエスト良かったよ」と言ってくれるかどうか。あるいはブログやレビューに「また次も乗りたい」「オススメです」と書いてもらえるかどうか。利益がいつか自分たちに返ってくると判断したからこそ、サウスウエスト航空は長期的な視点でＮＰＳに注目した。自分たちでできる施策をやり尽くしたその先で、ビジネスを後押ししてくれる人たちの存在を意識する。そうした視点はより幅広い業種においても重要になりつつある。本書でもＮＰＳを重視する場合は、顧客の熱量を測る指標を複数年度で見ていくことを理想としてお勧めしたい。

顧客の熱量を測定する「熱狂度」

本書では、ＮＰＳとは別に「熱狂度」という独自の指標で顧客の熱量を測定する。その方法は至ってシンプルだ。「あなたにとってそのブランドはどのような〝存在〟ですか？　あなたの気持ちに最も近いものを1つだけ選んでください」という設問に対して、図に示した5つの選択肢から回答してもらう。調査の対象者はすべてブランドの購入者だ。

この5つの選択肢の中で「3以上」と「2以下」には大きな感情の溝がある。2は悪くないと思いながら使っている状態なので、その人の感情をともなっていない、つまり習慣的に消費している状態と考える。1〜5のどれを選ぶかは、その人の主観によるところが大きい。ブランドへの熱量が高くて5を選ぶ人もいれば、そのブランドにこの先もっと期待しているからこそ、あえて4をつけるという人も存在する。したがって、熱量をより細かく見ていく場合は、これらの定量評価の後に「なぜそれを選んだのですか?」という設問を設定し、フリーアンサーで回答できるようにしておく。そうすることで、その人がブランドに抱いている思いをより理解することができる。

フリーアンサーを見ていくと通常はその商品に対して「使いやすい」とか「効果が実感できる」「コスパがいい」などの、機能的なメリットを実感している言葉が出てくるが、より熱量が高い人になると「気持ちが上がる」「他の人にも勧めたい」などの言葉が並び、さらに熱狂度が高まると「自分の相棒です」「私の人生そのものです」のような言葉が見られる。担当者の中には「本当に私たちのブランドに熱狂している人など存在するのですか?」と思う人も少なくない。しかし我々の経験からすると、どのような低関与商材だったとしても、購入者全体のうち少なくとも3〜5%はスコ熱狂度とは…

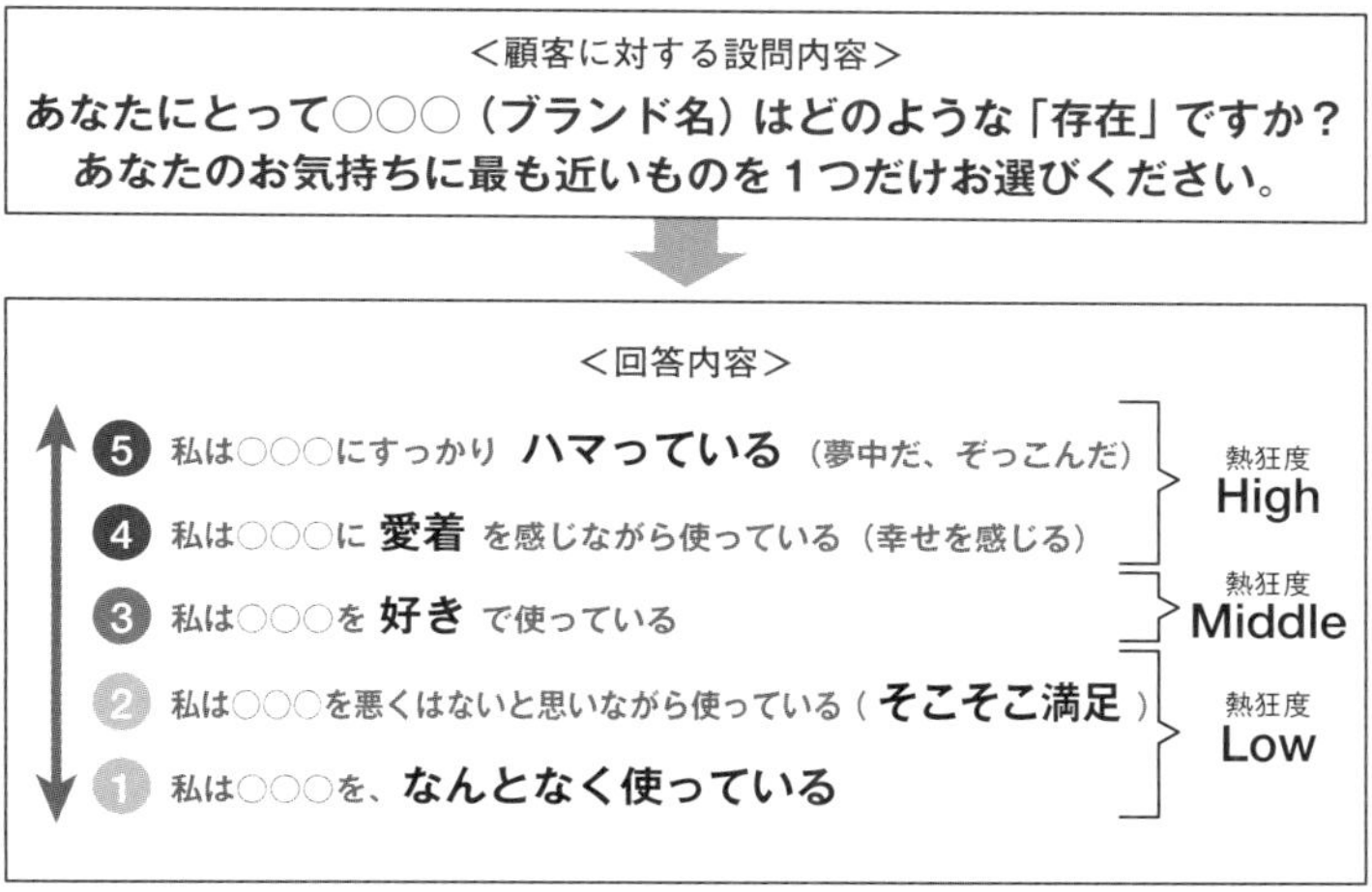

ア5をつける人が存在する。洗剤でも柔軟剤でも、コモディティ化した商品でもだ。ここで考えるべきなのは、見つけ出した貴重な熱狂者をどのように味方にし、彼らと何を創っていくかということなのだ。

「推奨意向度」でポテンシャルを把握する

「熱狂度」の他に、僕たちがもうひとつ重視している独自の指標がある。それは「推奨意向度」だ。NPSのように推奨者の正味比率を測るのではなく、購入者がそのブランドをどれくらい人に勧めたいと思っているかを0～10の11段階で測定していくというものだ。そして熱狂度の5段階を縦軸に、推奨意向度の11段階を横軸に並べてバブルチャートを作成する。これが、あなたのブランドのポテンシャルを示唆するグラフになる。

このグラフの上部にはブランドに愛情を持っている熱量の高い顧客がプロットされる。そして右上部にはブランドに愛情を持ち、他者への推奨意向が強い顧客がプロットされる。この人たちを「熱狂的推奨者」と呼ぼう。これまで何度も言及したように、顧客の熱量が上がると推奨意向も自然と上がるわけではない。熱狂的支持者の割合と、熱狂的推奨者の割合は延長線上で捉えるのではなく分けて考える必要がある。長期的

売上を形成している顧客の感情構造を明らかにする

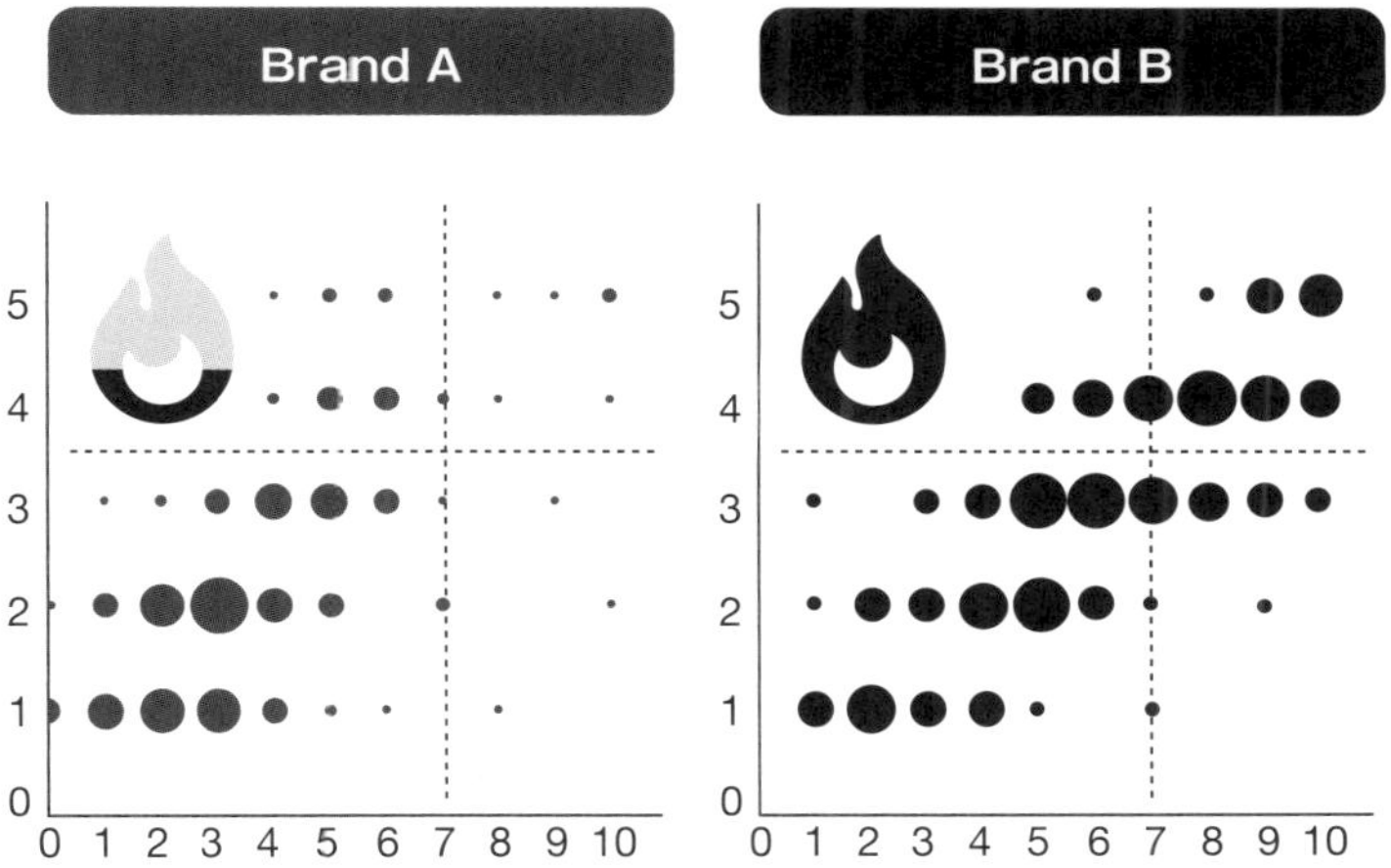

な視点で顧客基盤を強くする施策を検討したいなら、こうしたデータを複数年で見ていくことだ。顧客の熱量は下がらないという保証はない。そのため、健康診断のように定期的に測定していくことが重要になる。

他社ブランドのデータも調査して比較をしたとき、自社ブランドのバブルのボリュームゾーンが、他社よりも左下に位置していた場合、他社ブランドの方が熱狂度と推奨意向度の高い人の割合が多いということになる。相対的なマーケットシェアも考慮することが不可欠だが、その状態では値引きキャンペーンや容量増量キャンペーンなど短期で成果が得られる刺激を与え続けなければならない。こうした調査をもとに顧客の熱量や推奨意向を可視化して、中長期でブランドのポテンシャルを定期的に把握していきたい。

変化するマーケティングファネルの形

マーケターがもうひとつ押さえておくべきなのは、マーケティングファネルの形状である。次の図はファネル（漏斗）を横置きにしたものだ。多くの一般消費財メーカーの施策は「認知から購入まで」つまりはマーケティングファネルの左側を対象としたものが多い。「購入まで」と「購入後」にファネルを分けたときに、「購入後」、つまりマーケティングファネルの右側までを含めて構造を把握していきたい。そして、自社ブランドのマーケティングファネルの形状を把握し、図のように対前年、対競合の比較の中で、ファネルの形状を意識して強化していくことをお勧めする。

対前年、対競合のファネル形状を意識する

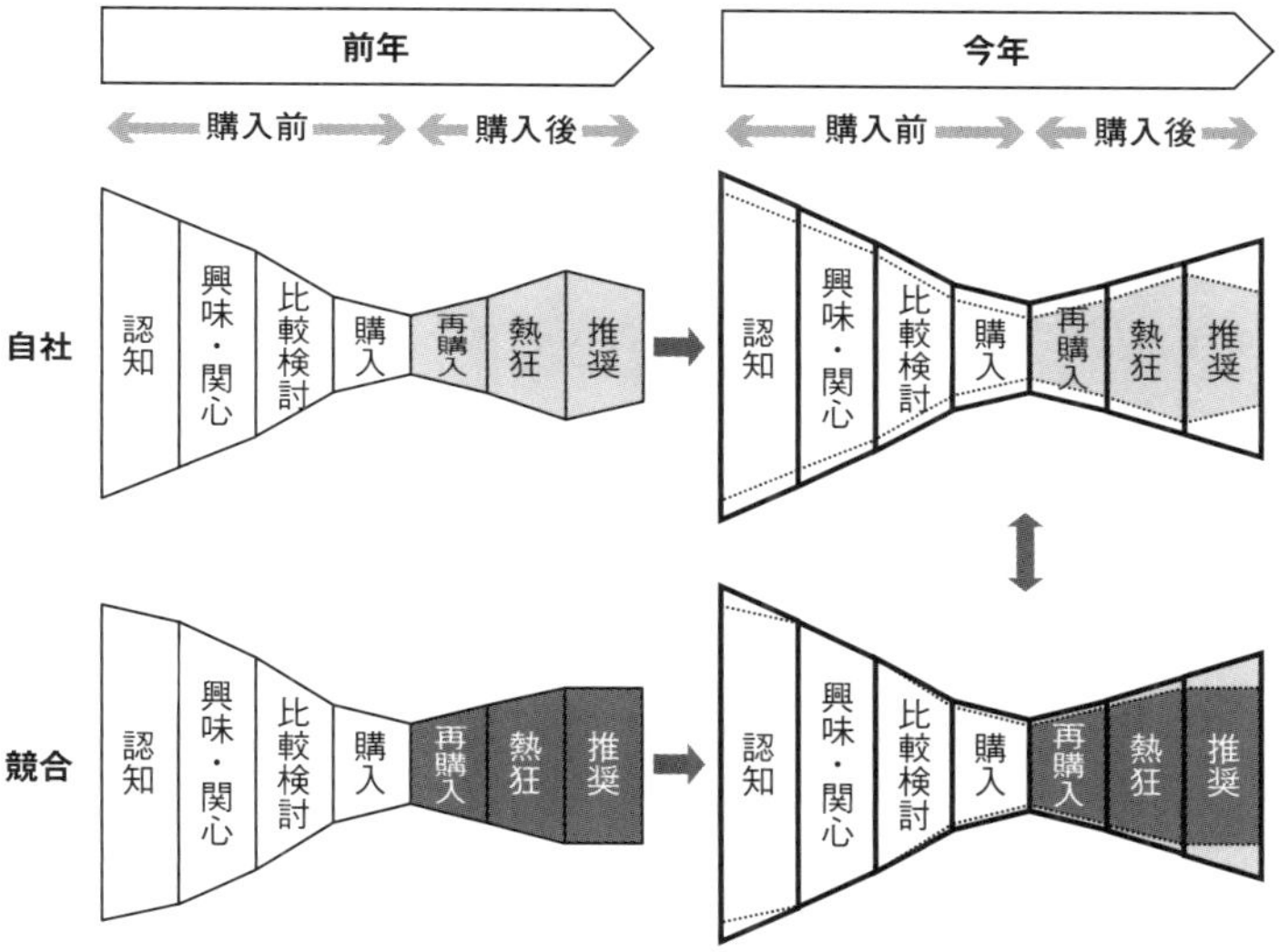

スーパーやコンビニ、ドラッグストアで売っている商品には、高関与商材と比べると推奨行動が発生しづらいものがあり、ファネルの右側は細くなっていくことが多い。しかし、1回購入すれば買い替えがあまり発生しない、あるいはブランドのスイッチングコストが比較的高い高関与商材においては、再購入や推奨、つまりファネルの右側部分が広がりやすい特徴がある。そのあたりの違いを理解するために、次の章ではトライバルメディアハウスが実施した調査結果を紹介する。

column

想起集合について

人が商品を選ぶ際、「名前を知っているか（知名段階）」「商品の特徴を知っているか（処理段階）」「購買の候補として想起するか（考慮段階）」の次に「1位に選ばれる（選好段階）」があり、購入に至るまでに、ブランドの集合が分かれていく。「想起集合」は考慮段階における集合のひとつだ。熱狂的な顧客の熱量が新規顧客へ波及しているかといったレバレッジ効果が得られているかを知るのも、この想起集合を調査することによって明らかにできるだろう。つまり、TMOT（Third Moment of Truth）からもたらされた推奨や影響が、しっかりと新規顧客のZMOT（Zero Moment of Truth）へ影響を及ぼしているかを知ることによって、顧客の熱量が直接的であれ間接的であれ伝播しているかどうかを判断する指標のひとつになる。

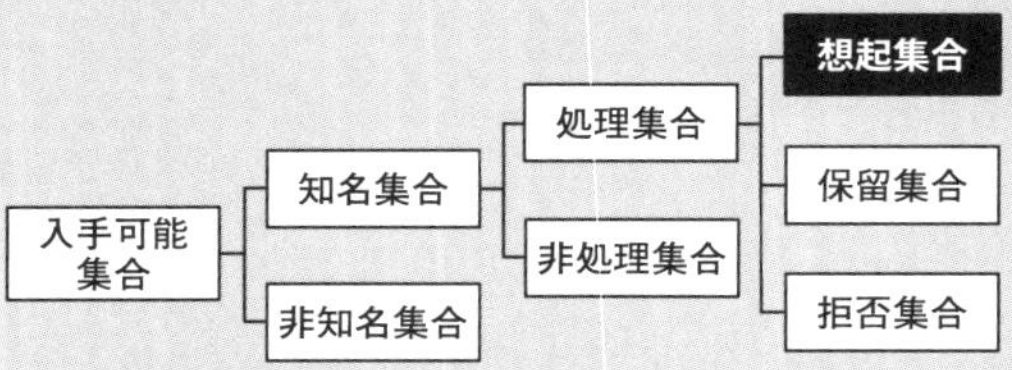

※出典：Brisoux and laroche（1980）
図の邦訳については、恩蔵直人「ブランド・カテゴライゼーションの枠組み」『早稲田商学』第364号（1995）、P186より引用

第8章

調査データで見る業界別・顧客熱狂度

熱狂顧客比率

本章では、トライバルメディアハウスが2017年に実施した「熱狂ブランド調査」［※］のデータの一部を紹介する。この調査では20の業界において主要10ブランドを選定し、トライバルメディアハウスの独自の指標である「熱狂顧客比率」「熱狂的推奨者比率」を調査した。これによって、業界やブランドごとに熱狂者、推奨者がどれぐらい存在しているのかを把握し、これらの顧客が結果的に購入量にどの程度影響をもたらしているかも見ることができる。

次の図は、熱量の高い顧客の比率「熱狂顧客比率」を商品ジャンルや業界ごとにプロットしたものだ。これは第7章で紹介した調査手法に基づいて、「あなたにとってそのブランドはどのような〝存在〟ですか？」という設問で、「4：私は◯◯に愛着を感じながら使っている（幸せを感じる）」もしくは「5：私は◯◯にすっかりハマっている（夢中だ、ぞっこんだ）」と回答した人を「熱狂顧客」と定義し、その比率を算出している。業界ごとに見ていくと、自動車やビールは他業界と比べ、熱狂顧客の比率が高くなっている。さらに、ビール、スキンケア・ベースメイク用品、ノートPC、自動車の4業界は、ブランド間の差が激しく、30％以上の差がついている場合もある。

高関与商材か低関与商材かによってもこの分布は変わってくるはずだ。しかし、ビールやお菓子など、ある程度、生活習慣で購買されるものであっても、ブランドによって差が出てくる。業界によって熱狂顧客比率が異なることを念頭に置いて、自社ブランドではどのようなコミュニケーションが最適なのかを見極めていく必要がある。

「熱狂顧客比率」業界比較
（※熱狂顧客＝熱狂度で「High」をマークした顧客）

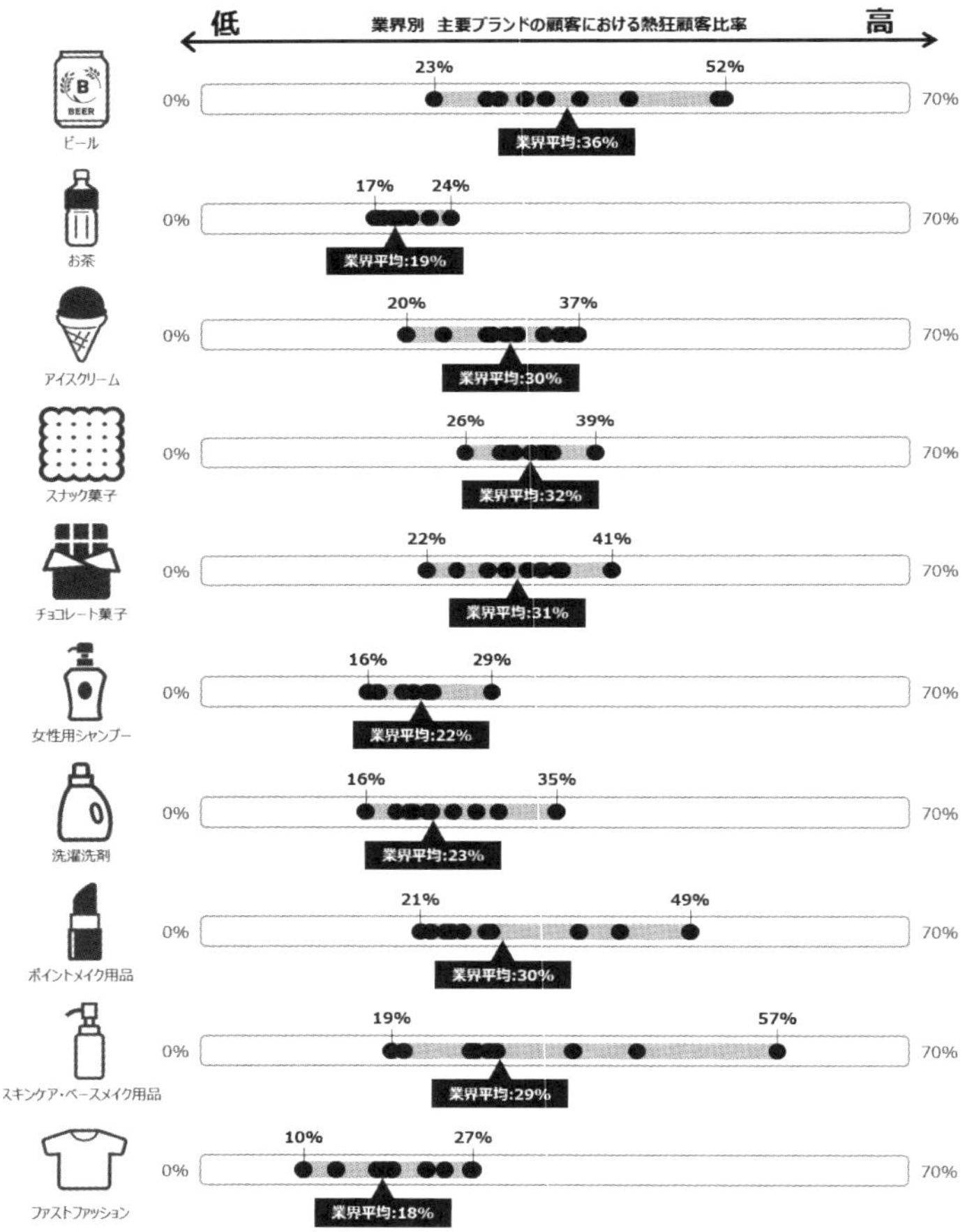

「熱狂顧客比率」業界比較

(※熱狂顧客=熱狂度で「High」をマークした顧客)

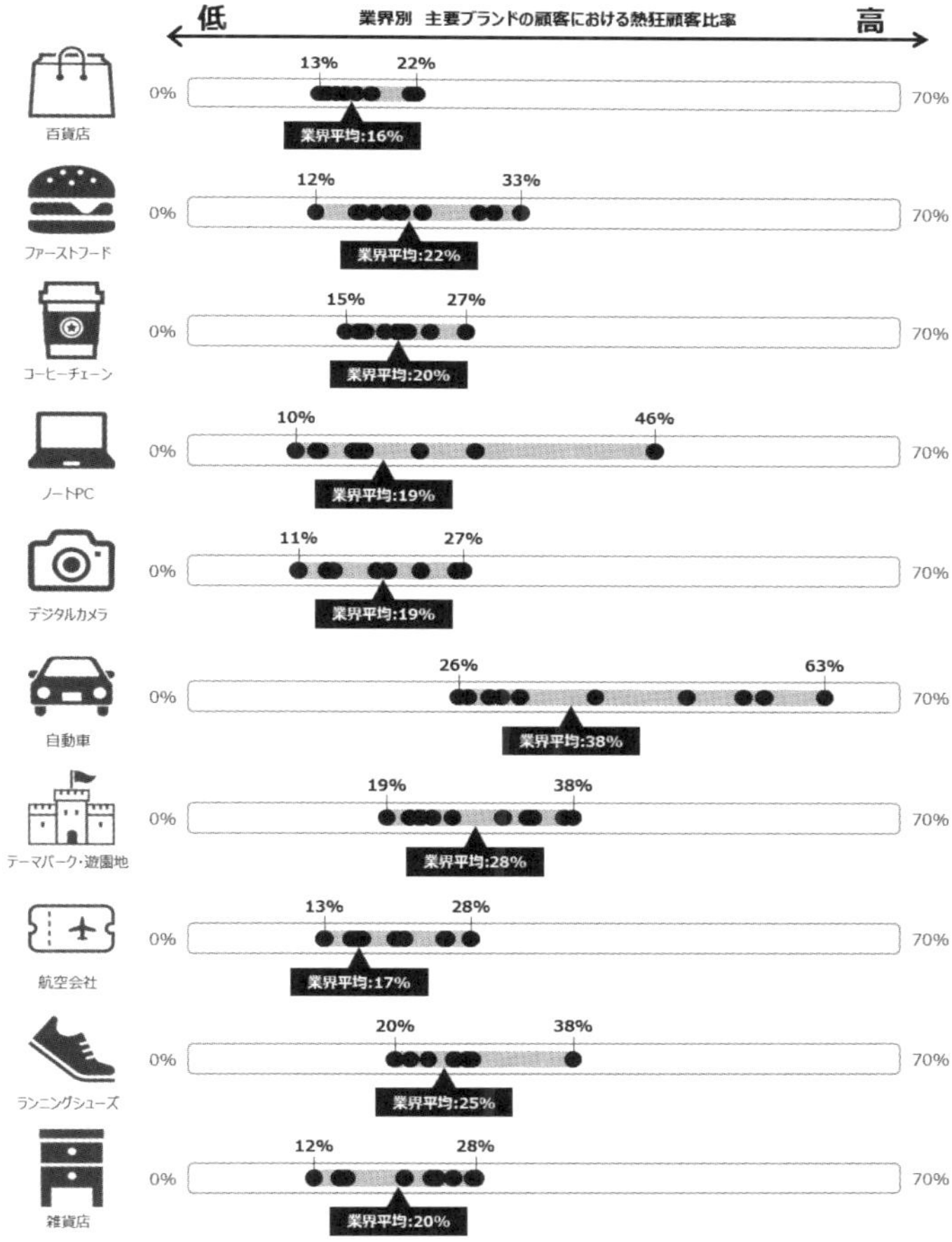

熱狂的推奨者比率

続いて、業界ごとのブランド推奨者の割合「熱狂的推奨者比率」を見ていこう。これは熱狂顧客のうち、そのブランドの推奨意向度を9もしくは10と回答した人を「熱狂的推奨者」と定義し、その比率を算出している。

顧客の中に熱狂的推奨者が占める割合を見ると、ビール、アイスクリーム、スナック菓子、チョコレート菓子、テーマパーク・遊園地は他業界と比べて、熱狂的推奨者比率が高い傾向にある。また、ビール、ポイントメイク用品、スキンケア・ベースメイク用品、ノートPC、自動車、テーマパーク・遊園地の6業界は、ブランド間の熱狂的推奨者比率の差が激しく、20％以上の差がつく場合もある。

「熱狂的推奨者比率」業界比較

(※熱狂的推奨者＝熱狂度で「High」かつ推奨意向で「High」をマークした顧客)

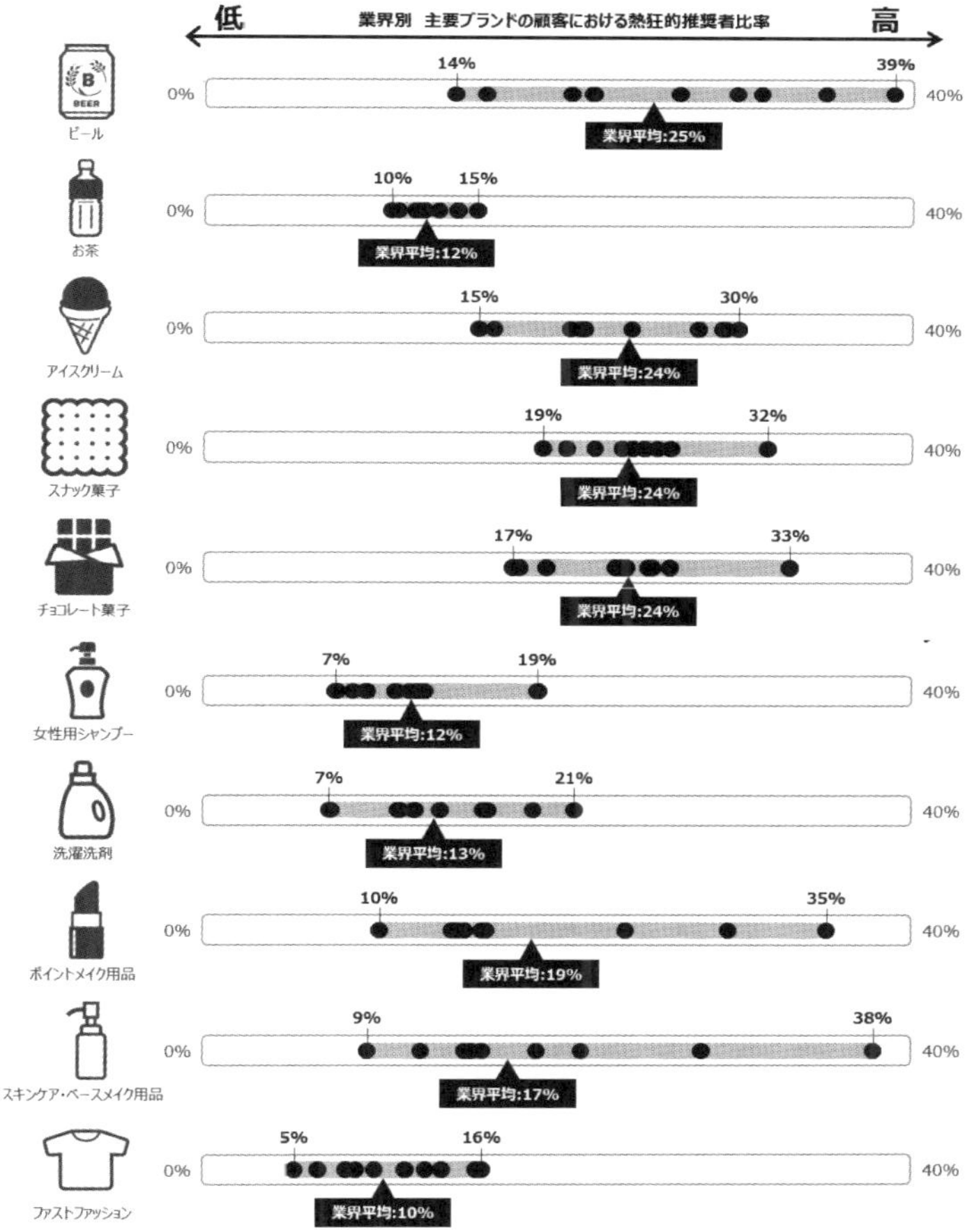

「熱狂的推奨者比率」業界比較

(※熱狂的推奨者＝熱狂度で「High」かつ推奨意向で「High」をマークした顧客)

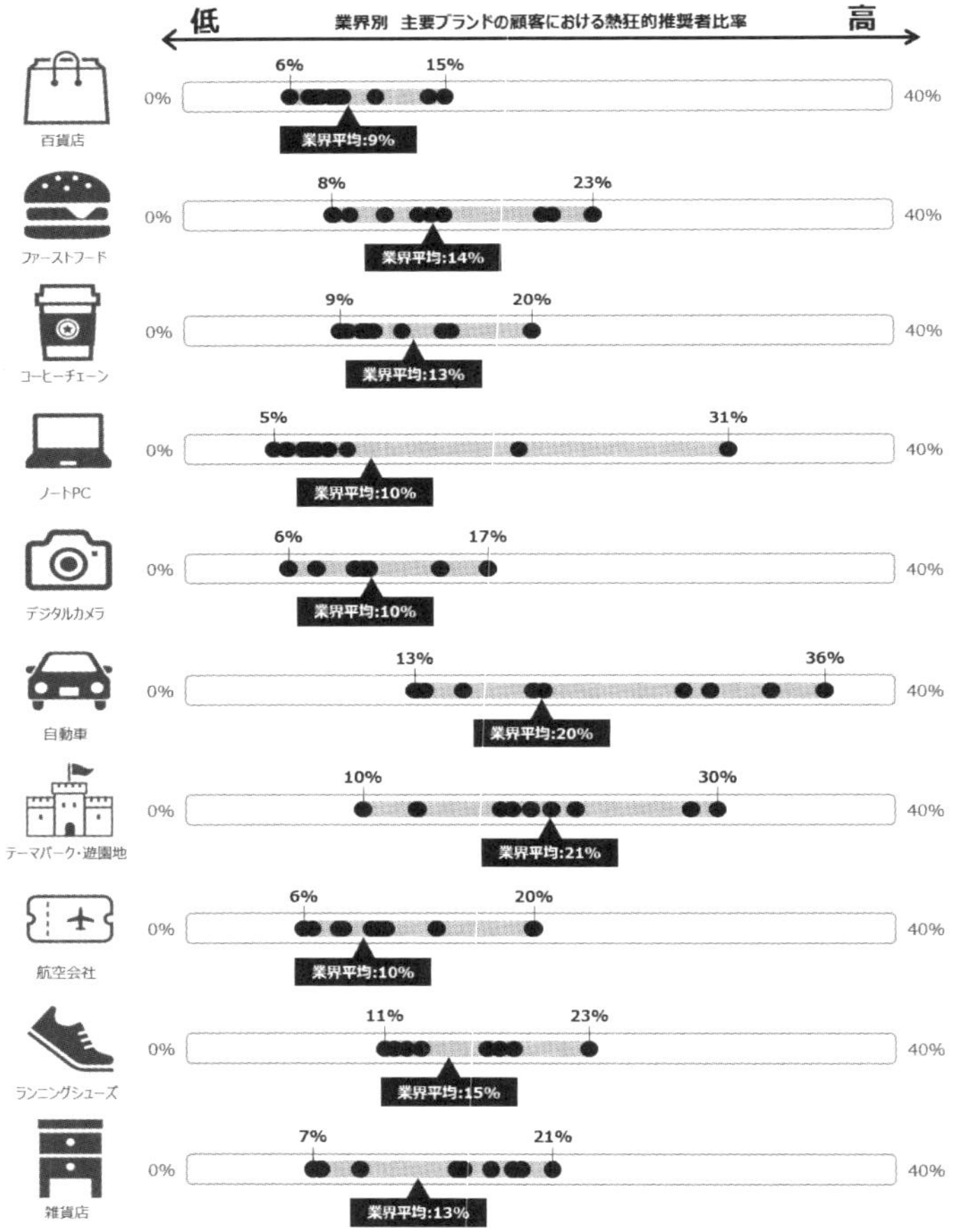

自動車業界における熱狂顧客率と成長率

同調査では、自動車メーカーのトヨタ、ホンダ、日産、マツダ、SUBARU、スズキの6社における熱狂顧客比率と、過去3年間の売上の平均成長率との相関を分析した。もちろん、ブランドへの熱量は車種ごとに存在する可能性はあるが、ここでは、企業の売上高と比較するために企業単位での熱狂顧客比率で比較している。

次の図は、各企業の決算資料から2013~2014年、2014~2015年、2015~2016年の過去3年間の売上平均成長率を算出したものを縦軸に、各企業の熱狂顧客（熱狂スコア5段階のうち、4もしくは5をつけた人）の割合を横軸にプロットしたものである。その結果、企業の熱狂顧客比率と、売上の平均成長率には正の相関があることが認められた。つまり、熱狂顧客の比率が高ければ高いほど、複数年度での企業の成長率にポジティブな影響がある可能性がある。

「高熱狂度」の顧客比率とブランド成長の関係
〜自動車〜

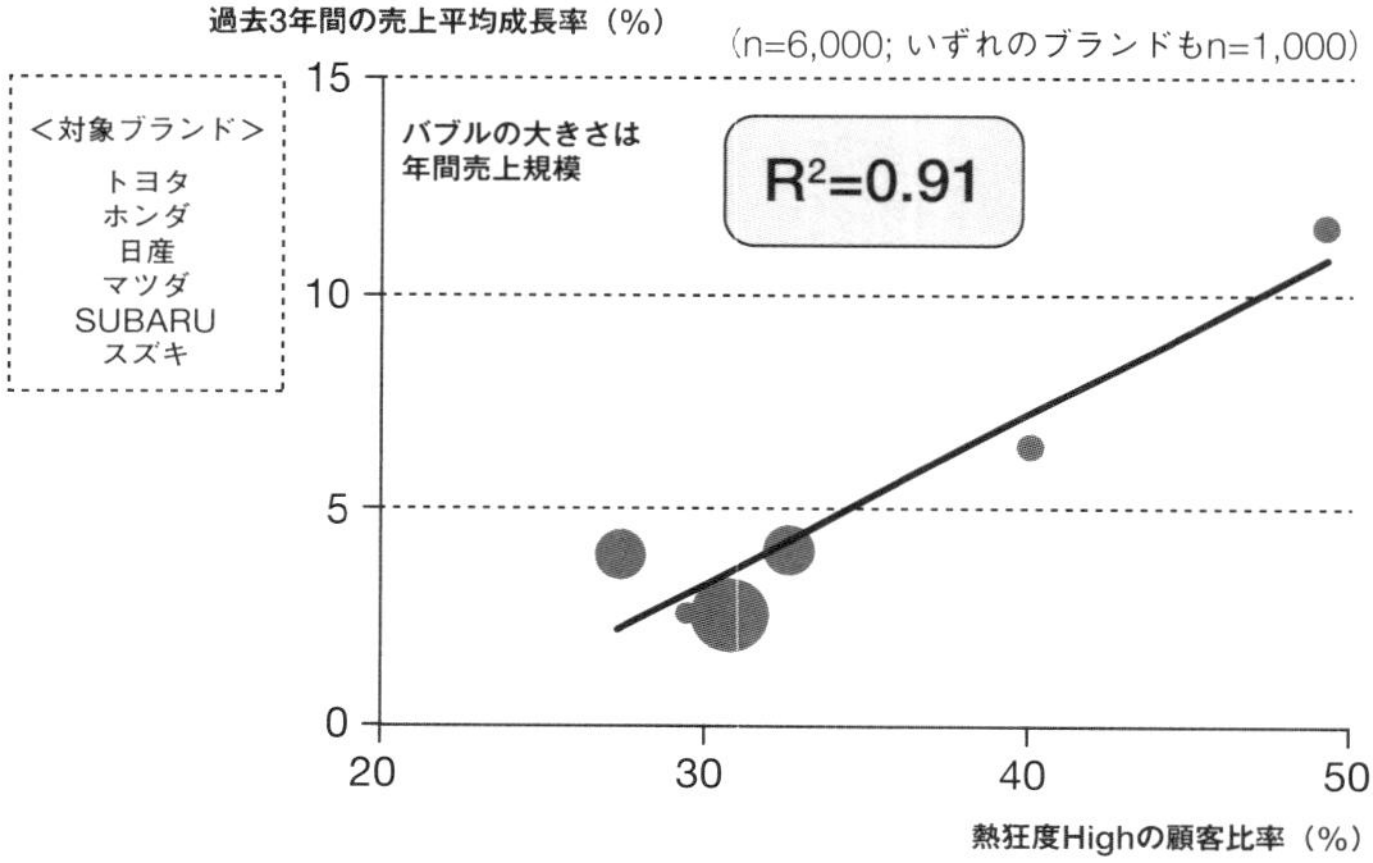

また、各企業に対する熱量の高い顧客が、そのブランドを継続的に利用したいと思っている理由についても次ページの図にまとめている。ここから読み取れることは、「乗るとかっこいい／おしゃれに見られる」「趣味に適している」「運転が楽しい」などの精神的なベネフィットを表す要素ほど、熱狂顧客比率との相関が高いということだ。これは物理的、機能的な便益に比べ、感情に訴求するメンタルベネフィットが感じられるブランドの方が、企業の熱狂度向上につながりやすいことを示している。

自社ブランドはどう思われているの

各ブランドの「熱狂者比率」と「継続的に利用したい理由」の関係 ～自動車～

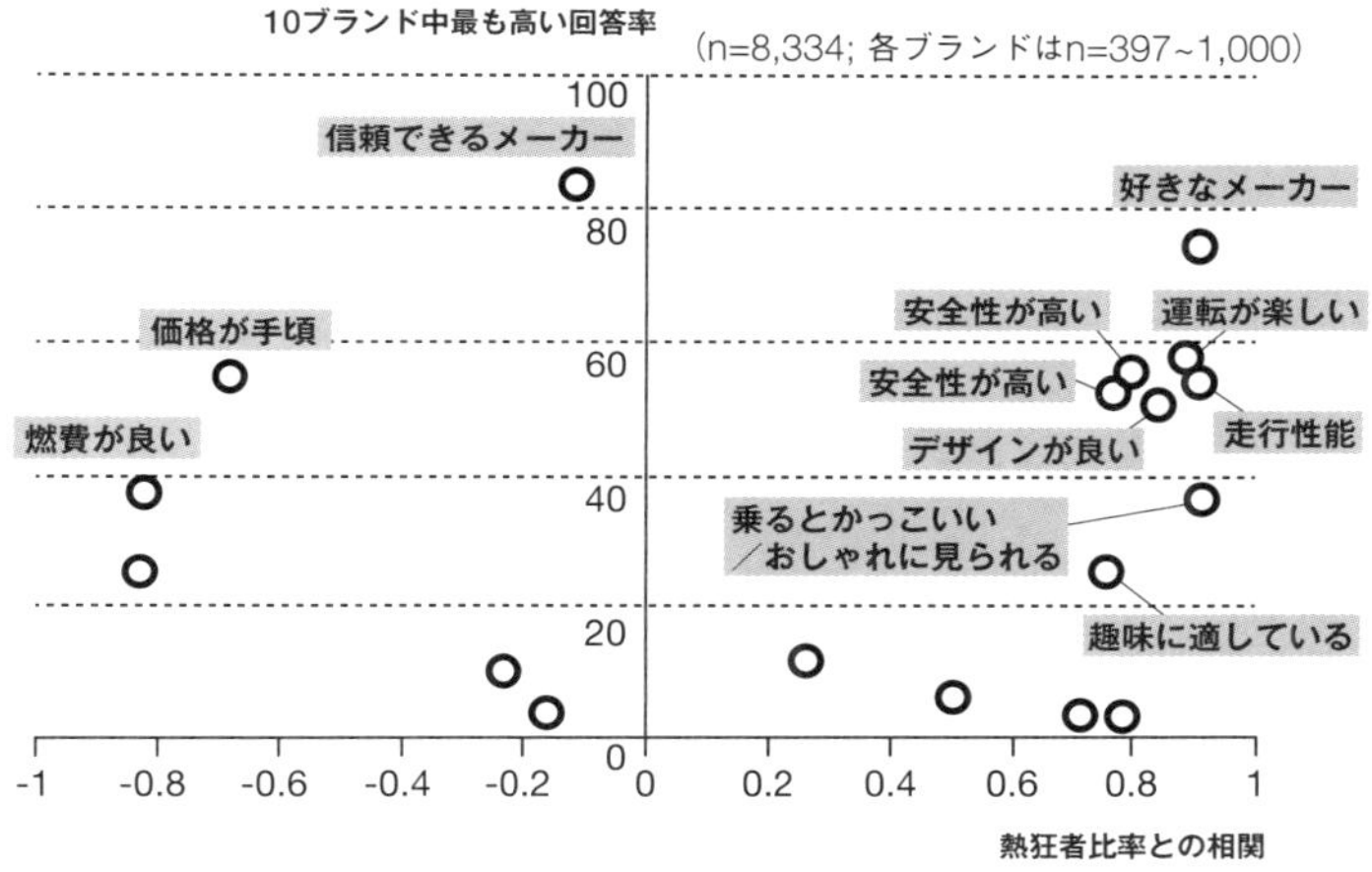

か、どのくらい好かれているのか。人に勧めてもよいと思うか。これらを測定する指標をいくつか紹介してきたが、その計測や分析の手法はこれからさらに進化していくだろう。また人々が何に熱狂し、どんな反応を示すのかも変わっていく。自動車メーカーもドライビングの楽しさだけでなく、ネット接続可能なコネクテッドカーならではのベネフィットを追求する時代となった。寒い季節でも、家の中からスマートスピーカーに語り掛けるだけでエンジンがかかる。運転席に座れば今日の予定を教えてくれる。そうした機能が身近になればなるほどユーザーは「な

くなっては困る」と感じるだろう。売上という結果が顧客の熱量によって支えられていることを理解したマーケターは、新たなテクノロジーやアプローチによって、より戦略的に熱量や顧客行動、様々なデータを観察し、熱量や感情という一見捉えがたい、しかし重要なエネルギーを生み出すことにチャレンジしてほしい。

※「熱狂ブランド調査」の調査概要
・調査方法：インターネットリサーチ
・調査日程：2017年8月10日～9月26日
・調査地域：全国
・調査対象：20業界・全200ブランド（業界ごとに主要10ブランドを調査）
・有効回答数：15万5294名（20業界全体）
・回答者の属性：20～69歳の男女（調査会社が保有する調査パネル）
【性別】男性：47・7％、女性：52・3％
【年代】20代：6・4％、30代：21・8％、40代：31・5％、50代：26・0％、60歳以上：14・2％
同一業界内で調査対象ブランドをメイン購入・利用している1000名の顧客に回答してもらったが、ブランドによっては回答者が1000名に満たないものもあった。回答者数が少なく、分析の妥当性が担保できないブランドについては、個別ブランドごとの分析からは除外した。
女性用シャンプー、洗濯洗剤、ポイントメイク用品、ベースメイク・スキンケア用品は女性のみで調査。

第9章

熱量のある組織

社内に「熱」はあるか

顧客の熱量を考えることは、社員の熱量を考えることと同じだ。社員が製品やサービスに対する熱意を持っていないのに、顧客に熱を伝えることは難しい。また、社員以上に熱量の高い顧客に出会ったとき、その人にどう向き合い、何を学ぶべきかもわからないだろう。これまで見てきた様々な企業の取り組みは、組織や制度を変えることだけにとどまらない。話題になった企業のユニークな取り組みを他社が取り入れようとすることはよくあるが、仕組みを模倣されたとしても、模倣された側にとってはまったく脅威にはならないだろう。その仕組みを実際に回していくためには、自社の強みを磨き、社の内外に潜む数々のハードルを越え、運用する社員の思いがともなわなければ機能しないからだ。

まず考えるべきなのは、社内のカルチャーについてだ。本来、魅力的な企業には、その企業ならではの独自の価値観、考え方、流儀が備わっている。たとえば、あるメディアアーティストは、自身が経営する会社では「ブレストするよりリサーチしろをモットーにしている」と語っていた。自由な発想でアイデアを出し合うブレストは多くのビジネスパーソンが実践している。ところが、テクノロジーやデータを組み合わせて見たこともない作品を生み出し、世界にプレゼンテーションをしている彼らにとってはブレストよりも、緻密なリサーチが優先されるようだ。こうした社内のカルチャーは、自分たちでは気づいていないこともある。これを言語化することはとても重要だ。簡単な箇条書きでもいい。言語化することであらためてその存在を知り、意義を問い直し、足りないところがあれば補強し、迷っているとき、停滞しているとき、いつでも立ち返れる場所として整備しておこう。そうすることで、社員はぼんやりと「こうだろうな」と思っていた価値観を認識し直し、内面化していくことができる。

たとえばヤッホーブルーイングは自社を「知的な変わり者」と定義している。アマゾンは「地球上で最もお客様を大事にする企業」であることを使命としている。このように自分たちを定義する言葉が明確になると、従業員もそれを自らどう体現するかを考えるようになる。その振る舞いを通して、顧客もその会社のキャラクターを認識し、期待値を高めることができる。

会議やちょっとした雑談でもいい。「それってウチらしいよね」という発言があれば、それを言語化して蓄積していく。あるいは思い切って「この会社の使命はなんだろう?」「自分たちはどう見られているのかな」といったことをテーマにブレストをしてみる。書き出した言葉に対して、その意味を考え、顧客をはじめとする外部のステークホルダーの視点で見直してみる。社内では「良いこと」と捉えていたことが、外部からは「?」ということも大いにありえるからだ。また、他社と提携やコラボレーションをする際、互いのビジネスのコアが一致するか、あるいは重なり合う部分があるかどうかを検討する際の助けにもなるだろう。

従業員エンゲージメントとは

ＨＲ（ヒューマンリソース）の世界では、近年「従業員エンゲージメント」という概念に注目が集まっている。これは「企業と従業員が理解し合い、感情的にコミットしていること」を意味している。単なる雇用・被雇用というビジネス上の関係ではなく、会社への愛着や仕事への情熱を高めようとするもので、それまでの「従業員満足度」という考え方とは区別して考えられている。従業員満足度では、働く人にとってその会社のオフィスが快適であるかや、給与、福利厚生、評価や表彰制度をはじめとする社内の制度や働き方が心地よいかを考えていくのに対して、従業員エンゲージメントでは、会社の戦略や定めている目標や目指すべき方向性を従業員が理解し、自ら能動的に行動を起こそうとするかどうかを考える。この２つは似ているように思えるが、企業の業績にどう関与するかを考えたとき、まったく異なるものと言える。

従業員エンゲージメントを高めることはビジネスにとっても良い影響があることを

示すデータは存在しているものの、実際にそのスコアを高める活動は容易ではない。まず、従業員エンゲージメントが高い企業の前提として、理念やミッション、価値観、戦略が明確になっていることが不可欠だ。そして、従業員エンゲージメントを高める方法は、主に3つのステップに分かれる。

①貢献したい気持ちの醸成

まず会社の理念に共感し、自分ゴト化し、もっと会社をよくしたいと思う気持ちを醸成し、それを高めていくことが必要だ。いわば、従業員の「オーナーシップ」の形成とも言える。

②行動を促す仕組みづくり

次に、会社に貢献したいという気持ちを行動に移してもらう環境を整える。チャレンジを歓迎する空気や、受け皿となる仕組みを整える必要があるだろう。社内でアイデアを募集する制度をよく耳にするが、その際には企業として目指すべき方向性を提示したうえで募集するのか、それを度外視したアイデアを募集するのかを明確にしておこう。そして、従業員の能動的なチャレンジを可能にするためにどのような裁量を持たせるかもあわせて設計し、検討していくべきだ。

③行動を評価する

最後は、行動を評価する仕組みづくりだ。経済的な報酬だけでなく、精神的な報酬も効果的な場合がある。従業員の評価を考える際にはハーズバーグの「動機づけ・衛生理論」が参考になるだろう。この理論では、仕事に対する達成感や上司・同僚からの承認、仕事の責任感などの「動機づけ要因」と、会社における監督者との関係や労働条件、給与などの「衛生要因」は異なることを示している。また、動機づけ要因を提供することによって従業員の満足は高まり、モチベーションが喚起される一方で、衛生要因に対する対策は不満の解消にはなるものの、それ自体が達成感やモチベーションを高めるわけではないという理論だ。

この3つのステップは①気持ちの醸成と、②と③の行動に移させて評価する仕組みがしっかりとできていなければ不平不満を生むものになってしまう。本書の第10章では、「北欧、暮らしの道具店」を運営するクラシコムの青木耕平代表が、企業が生み出すあらゆる差別化要因の中で、最後に残るものは「ＷＨＯ」だと述べている。これは製造業であってもサービス業であっても当てはまることだと思う。顧客と企業の距離が近づくにつれ、企業の競争優位を発揮するためのエンジンは、自社のスタッフひとりひとりが担うことになる。組織の戦略を理解し、自分たちが何者で、何を重視するかを理解しているからこそ、納得する評価制度を受け入れることができるのだ。

スターバックスの「ブラックエプロン」

評価制度には、社内の評価を顧客に可視化している事例もある。スターバックスの「ブラックエプロン」という制度では、店舗スタッフのエプロンの色は通常グリーンのところ、一部のスタッフにのみ黒いエプロンの着用を許している。コーヒーマスターとしての認定を受け、毎年実施される社内の試験に合格すると、黒いエプロンを身に着ける資格が与えられる。同社のサイトによると、2013年度は全パートナーの約7%にあたる1500名以上がこのエプロンを手にした。さらにその頂点を決める「アンバサダーカップ」では、全国大会でコーヒーの知識と接客力を競い、選出された「コーヒーアンバサダー」は1年間スターバックスの顔としてコーヒーの魅力を伝える活動に携わる。

スターバックスの店舗を訪れた人たちは、レジに並びながら、あるいはコーヒーを飲みながら、黒いエプロンを身に着けたスタッフを目にしたとき、他のスタッフとはちょっと違う雰囲気であることに気が付くだろう。スターバックスはこのように社内の評価制度を「顧客に見える化」していくことで、より強い動機づけを設計している。重要なのは、社員が企業のミッションを遂行し、評価されることが、顧客のベネフィットの創出につながっているという点だ。社内外の仕組みが連動することによって方向性が明確になり、企業としての推進力は強くなる。

社員の熱量を高めるには「やりたくなる」「参加したくなる」ための制度設計が大切だが、制度はあくまでも目的を実現するための手段だ。カルチャーとして浸透させる部分と、制度で解決できることを明確に分けたうえで設計していくことが求められる。

組織を支える4つの柱

組織戦略のひとつとして、採用も「熱量」を軸として考えていきたい。自分たちが一緒に働きたい人はどういう人なのか。これらを明確にしておくことによって、組織に定着し、新たなチャレンジへの努力を惜しまない人を迎え入れ、採用から組織形成、顧客への価値提供までを一貫したマインドを持って貫くことができる。

前述のホールフーズ・マーケットの創業者ジョン・マッキー氏は「コンシャス・キャピタリズム」という概念を自著で紹介している。それは「あらゆるステークホルダーにとっての幸福と、金銭、知性、物質、環境、社会、文化、情緒、道徳、あるいは精神的な意味でのあらゆる種類の価値を同時に創り出すような、進化を続けるビジネスパラダイムのことだ」と。その概念は次の４つの柱によって支えられている。「存在目的」「ステークホルダーの統合」「コンシャス・リーダーシップ」「コンシャス・カルチャー／マネジメント」。これをヤッホーブルーイングに当てはめてみると、次のようになるだろう。

存在目的：「ビールに味を！　人生に幸せを！」

ステークホルダーの統合：社内でのチーム作り、社外では顧客との密着プレー、コンビニとのコラボレーションによる商品開発やキャンペーン展開など

コンシャス・リーダーシップ：ヤッホーブルーイング代表の井手氏を見出したのは当時の親会社、星野リゾート代表である星野佳路氏だった。未来のために尽力できるエネルギーを持った、タイプの異なる２人のリーダーのぶつかり合いから、新しいビール文化を日本に広める道が切り拓かれていった。

コンシャス・カルチャー／マネジメント：コンシャス・カルチャーには７つの特徴がある。①信頼、②説明責任、③思いやり、④透明性、⑤誠実さ、⑥忠誠心、⑦行動主義だ。マッキー氏の本では、①信頼と③思いやりをキーとしている。「他人を思いやりたい、だれかに思ってもらいたいという気持ちは実に強力なモチベーションであり、ときには自己利益を追求するのと同じくらい、あるいはそれ以上に重要な欲求だ」。そして「コンシャス・マネジメント《意識の高い経営》は、組織的な取り組みを通じて社内に好循環を作り出し、最も効果的な方法で創造的活力を喚起する。権限を分散し（分権化）、各機

能の自立を促す（エンパワーメント）体制を整えるとイノベーションが促進される。」と述べている（いずれも前掲書）。

マッキー氏の著作ではまた「顧客との密接な関係を構築する」と題した節で次のように分析している。

明確な目的を持たず、単に顧客が何をほしいかを理解しようとするだけの会社は、本当に重要なものをつかめない。行動に心がこもらなくなり、顧客の望む商品やサービスを言われるがままに提供し、ついには顧客の望むものこそが正しい選択なのだと宣伝するようになる。顧客の側もその会社に思い入れがあるわけではないので、自分に奉仕するのではなく、自分に何かを売りつけようとする相手と捉えてしまう。だが、もし会社が明確な目的を持てば、本当の信頼関係を作り、情熱と志を共有できる顧客を引きつけられるチャンスが広がるだろう。現在のように、情報の民主化とソーシャルメディアが発達した時代にこそ、そのような関係が栄え、うわべだけの関係は消えていくはずなのだ。

（前掲書）

採用においては、ビジネス上の経験やスキルも大きな判断基準になることは間違いない。社内には様々な人がいる。スキルの高さ、ミッションへの共感度も様々だ。組織全体を見渡し、頭の中でビジネスの未来を想像したとき、社員に足りないものは何かを考えていこう。たとえば、ヤッホーブルーイングの社長に就任してから、1人でできることには限界があると気づいた井手氏は「忙しい時期になぜ」という社内の批判を浴びながら、チームビルディングのプログラムを社内に取り入れた。ワークショップを続けてもなかなか成果が出ない。売上は鈍化し、去っていく社員もいた。しかし、チームとして働くためのマインドを社内に浸透させた結果、歯車が噛み合いはじめ、井手氏が社長に就任した3年後には売上が急成長した。

答えはひとつではないし、事業のフェーズによってもビジョンは変わっていく。足りないものは人材、チーム力、最新のテクノロジーかもしれない。目標に向かって進んでいく熱量のある組織をどう作っていくか。そして社員、顧客、社外のスタッフやパートナー、コミュニティ、株主などのステークホルダーとどう連携していくのか。これらの人々と交流しながらカルチャーや価値観を共有できる関係を生み出す環境づくりも、これからのリーダーにとって欠かせない仕事になるだろう。

第10章

先進事例に学ぶ

CASE 1

ソニーマーケティング「熱狂している社員と顧客の出会いを」

多くの家電メーカーが価格競争に悩まされている中で、ソニーは顧客の購買時のブランド体験、その後のリレーションに力を入れたコミュニケーションをスタート。顧客の接点を購入前（Pre）、購入時点（Point of Sales）、購入後（Post）の3つの段階に分けて、購買後の製品の体験価値を高める活動に取り組んでいる。社内で「P3」と呼ばれるこれらのコミュニケーション活動について、ソニーマーケティング カスタマーマーケティング本部 カスタマーリレーション部 統括部長の大内光治氏は、こう説明する。

ソニーマーケティングでは、近年デジタル予算を11％から41％に引き上げている一方で、リアルとの連動も重視しています。「カスタマーマーケティング」を標榜し、顧客にとっての最高のブランド体験を促進していくことで、ソニーファンになっていただき、結果として、顧客の1人あたりのソニーの購入金額を増やしていこうとしています。これは現在の社長の河野が就任したときから取り組んでいることで、リアルな場でのブランド体験や直接顧客の声を聞くことに注力しています。

プリセールスのマスコミュニケーションの段階で顧客の期待値を高めることが購入を促進するためには大切です。また、高まった期待値を購入後にしっかりとマネジメントしていくことも重要だと考えています。**顧客価値を従来のスペック中心のモノだけの価値から、コトとしての体験価値にするための期待値マネジメントが重要です。**それを購買後のポストコミュニケーションの領域でやろうとしています。この活動を社内では**「P3（ピーサン）」**と呼んでいます。これは「購入後3か月」という意味と「Pre・Point of Sales・Post」の2つの意味があります。

まず購入前（Pre）はソニーのマーケティングコミュニケーションでは最も歴史のある領域ですが、現在ではデジタルを中心としたコミュニケーションも重視しています。目的はデジタルでの接触による情報拡散、興味関心の向上です。そしてデジタルで接触したユーザーのうち、アプローチ可能で関心が高いユーザーには、オファーメールを送り、メール開封率やCVRを高めています。

次のステップとして、購入段階での「体験」を最も重視しています。店舗で実際の製品を体験することが購買意向の向上に大きく貢献すると考えているからです。デジタルと店頭の連携を強化させ、双方のタッチポイントから得られた情報をヒントに、実際の店舗での売場づくりや接客マニュアルの制作、ウェブ、メールの改善などを行っています。

そして、購入後に最も重要なのが買っていただいたお客様といかに「関係性」を築くかです。ここが一番重要なポイントだと思っています。購入後メールコンタクトをし、サポートを行っています。ここでは、製品の活用提案などを通して製品の使用頻度を高めることで、満足度を高め、クロスセル、アップセルにつながっています。

たとえば一眼レフカメラ「α（アルファ）」では、使いこなし提案、カスタマイズガイドなど、その顧客のレベルに応じたコンテンツをメールで配信しています。そうすることで、**一般的なメールよりも大幅にサイトへの誘引率は高まります。**このメールからオンラインコミュニティ「αカフェ」に誘導します。ここでは写真の投稿や、コミュニティグループの運営、オフラインイベントの応募、フォトコンテストなどを行っています。

実際に、2016年に福岡天神のソニーストアがオープンするときに、購入前、購入時点、購入後と3段階に分けて施策を組み合わせて行った結果、1日約1000枚以上の写真がSNSに投稿され、累計で127万枚の画像投稿がみられました。これは、実際に投稿されているSNSの画像を見て、それらの仲間がいることによって「買ってよかった」とお客様自身の満足度が向上していった結果なのではないかと考えています。さらに**オフラインイベント参加者のその後の商品購入率は48・5%**、また、メール配信後にコミュニティに参加し、さらに体験会に参加した人では、**LTVが一般の顧客と比較して約5倍高い**という結果が出ました。

それに加え、購買後のポストコミュニケーションの領域で、**顧客どうしが自然発生**

的にαカフェのオフ会などを開催しているのも注目しているところです。ソニーストアに併設されている「αプラザ」などのリアルな拠点は熱狂的なお客様が集う場所になりつつあります。つまり**リアル店舗の価値は売上だけではない**のです。実際に、ソニーストアで製品の説明を聞いた後に欲しくなって、後日量販店で買う方はたくさんいらっしゃいます。むしろそういった人たちを増やしていきたいと思います。

まずは熱狂的な顧客がいて、店舗と連携することで愛のある声がクチコミで伝播していくというのが理想です。クチコミの拡散のテクニックばかりに走ってはダメで、やっぱり製品への情熱や愛が大事なんだということを実感しています。店舗はそういった愛を醸成する場でありたい。

今は昔に比べ、製品そのもので熱狂させることが容易ではなくってきました。もちろん製品にはこだわりがたくさんあり、私たちソニーの最大の強みであることはこれからも変わりません。これからは、今まで以上にマーケターもソニーの素晴らしさを伝えていく必要があると思っています。

また、ソニーにとってその製品の良さを伝えていく社員の教育はとても重要です。会社設立時の熱狂社員度はおそらく想像できないぐらい高かったはずです。**一般的に会社の規模が大きくなると、社員の熱狂度が下がってしまうことは仕方がないと言われますが、我々は社員と顧客が直接接点を持てる店舗づくりにも力を入れています。**リアル店舗チームでは、店舗スタッフの募集基準でもソニーへの想いの強さを重視しているんです。ソニーストアでは、接客スキルももちろん重要ですが、**ソニーの良さを人に伝えたくてウズウズしている人に店舗スタッフになってほしい**と思っています。もともと熱狂顧客だった人が、立場を変えて熱狂社員になって、ソニーの魅力を伝える側になるというのが理想のかたちです。

このように熱狂している社員と顧客が出会い、リアルな体験の場で顧客がブランドの魅力に触れていくことこそ、これからのソニーのブランド体験の最前線にあると思っています。

CASE 2

@cosme store「お客様中心で行けるところまで行く」

日本最大のコスメ・美容の総合サイトで、月間ユニークユーザー数1500万を誇る「@cosme」では、その膨大なクチコミデータを活用して、実際の化粧品を手に取って買うことのできる店舗「@cosme store」を2007年から運営し、現在国内24店舗、海外3店舗を展開している。旗艦店である新宿店は店舗面積70坪、1日平均3000~3500人が来店し、年商は15億にのぼる。@cosme storeでは顧客に買わせる店舗ではなく、顧客が入りやすく、出やすい店舗体験を提供することを目指している。その店舗づくりと運営の仕組みについて、アイスタイル執行役員兼コスメネクスト代表取締役社長の遠藤宗氏にお話を伺った。

@cosme storeは「試せる、出会える、運命コスメ」をコンセプトにした業態です。百貨店のカウンターは一歩入ると、買わなければいけないというプレッシャーがすごいですよね。そうなると店舗に入りづらくなってしまいます。気軽にお店に入って商品について聞きたいときもあるだろうし、誰にも話しかけられずに商品を見たいときもある。聞きたいときは店員がいつでも答えてくれるし、話を聞きたくないときは反対に放っておいてくれる、そんな選択の権利を顧客に持たせてあげたいという思いがありました。

アイスタイルの企業ビジョンは「生活者中心の市場創造」です。「入りやすくて、出やすいお店」というコンセプトはそれを具体化したもので、@cosme storeでもその姿勢をひたすら貫き続けていきたいんです。来店したお客様が店内にあるテスターを使いまくって、サンプルをたくさんもらって、ついでに店員に詳しい話を聞いても結果買わなかった。それでもいいんです。**「化粧品を売る場」ではなく「もっと自由な買い方を提案する場」を作りたい。**社内では売れたかどうかということよりも、「これで本当にお客さん喜んでくれるの？」をキーワードに様々な施策を行っています。

今の時代、買い物はひとつのお店だけで完結をする時代ではありません。お客様が買おうと思ったときに、お店の選択肢の中に@cosme storeが入っていればいいんです。すべてを自社で買ってもらおうなどとは最初から思っていません。

私たちは創業からこの姿勢を貫き続けていて「この店って楽しいよね」と思ってもらえることを追求してきました。そのためには、**燃烈な競合との価格競争を勝ち抜いて、絶対に自分のお店で買ってもらわなければいけないという考え方をやめることが不可欠です。**@cosme storeは価格では勝負していません。実際に価格だけ見るとドラッグストアで購入した方が安く買えることもあるんです。@cosme storeでは全商品を定価で販売しています。安く買おうと思えば、うちで2000円の商品も他のドラッグストアで買うと1400円で買えるなんていうこともあります。にもかかわらず@cosme storeではその商品がドラッグストアの3倍売れてるというようなことが起こる。つまり価格ではなく、@cosme storeで買うことの価値をお客様に感じていただいているのだと思っています。

化粧品の中には、商流の関係から百貨店でしか購入できない商品もあります。創業期にはそういう場合に、スタッフが自ら商品を百貨店で買ってきて、@cosme store内でテスターとして使ってもらい、「この商品は、伊勢丹の◯◯店で購入することができます」というPOPまで付けて案内までしていたこともあります。

これも、我々のビジョンである**「生活者中心の市場の創造」**の実践です。ドラッグストアにはドラッグストアの存在意義がありますし、世の中の顧客の全員が化粧品に高関与なわけではありません。家の近くが便利でいいと考える人、1円でも安い方がいいと考える人など様々です。全員が@cosme storeで買わなくてもいいですし、そもそもすべてのお客様が@cosme storeで買い物をするなんてことは起こりません。何よりそういった考え方自体が強欲すぎると思うんです。

テスターを多く提供することは、スタッフにより多くの商品知識が求められます。スタッフは商品知識を覚えなければいけないので大変ではありますが、顧客と直接コミュニケーションをすることで多くの気付きが得られます。スタッフが顧客が求めているものを直接把握できるので、@cosmeのサイトからだけではなく、今のお客様に人気の商品などもとてもよくわかります。

運営においては、多くの権限をストアの店長に持たせて様々な判断を任せています。マーチャンダイジングについてもほぼ店舗主導で決定します。自分で仕入れるとその分どうやったら売れるかを自ら工夫しますし、商品そのものの情報にも詳しくなります。そのため、1人の経営者よりも、10人の社員の方が正しいことがあります。売れなければ、店頭のPOPや商品を含めて工夫をし、店舗をどんどん変えていく。店舗には「お客様ノート」というものがあり、商品に対する要望などもそのノートを通じて聞けるようにしています。また、最近はSNSを利用して、各店でうまくいった取り組みをシェアするようになりました。

店舗のKPIを考えるうえでは、個人に売上ノルマを持たせることはしていません。店舗ごとに「来店客数」「買上率」「買上点数」を見ています。通常小売業がKPIとして重視する客単価をKPIとしてはあまり追っていません。なぜなら**客単価を高めようとすると無理なおススメなどをしかねない**からです。無理に勧められた店舗にお客様は再来店しません。それよりも魅力的な売場になっているか、お声がけなどがちゃんとできているかを見る「買上率」や「買上点数」を見ています。**目標が達成できないことの原因は、「目標を高く設定しすぎた」か「お客様がこのお店で買い物を**

することがおもしろくないと感じているか」の２つしかありません。後者の場合、根本的な部分の解決を試み、店舗体験をするうえで課題だと考えられる点を、ＰＯＰやレイアウト、什器やＶＭＤ（ビジュアル・マーチャンダイジング）に至るまで、徹底的に改善をしていきます。

これからも@cosme storeはこのスタンスを変えることはありません。店舗規模や売り方の表現は変わるかもしれませんが、**「お客様中心で行けるところまで行く」というのが今の考え方です。**化粧品を売るのではなく、買い方を提案する場として「こういう買い方いいでしょ?」「こういう風に買うのって楽しいでしょ?」という提案をお客様にしていきたいと思っています。

文明はいずれ退化するのが歴史の常です。一方、その姿を変えながら、生き続けます。@cosme storeは化粧品の世界で、「文化」を作っていきたいと思っています。

CASE
3

北欧、暮らしの道具店「ほんのり好き、という状態を作る」

日用雑貨やインテリア、ファッションや小物まで、暮らしの様々なアイテムをＥＣサイトで販売している「北欧、暮らしの道具店」。インスタグラムでは60万人以上のフォロワーが存在し、ウェブサイトにほぼ毎日訪れるリピートユーザーが約７割を占める。数多くのファンに支えられている一方で、「レビュー」や「ランキング」機能をあえて付けないなど、これからのメディアコマースの新しいあり方を提示している。毎日訪れたくなるメディアづくりの真髄について、クラシコムの代表取締役 青木耕平氏にお話を伺った。

もともと、「北欧、暮らしの道具店」を始める前に、２００６年に賃貸不動産のためのオークションサイトを妹と一緒に立ち上げてサービスとして展開していました。ですが、立ち上げ後一年ほどでうまくいかなくなり、撤退してしまいました。会社が潰れそうになり、破れかぶれで手元に残った100万円を元手に、妹の好きな北欧に社員旅行で旅立とうということになったんです。最初は事業の失敗もありましたから気分も落ち込んでいたんですが、旅行の準備をしているうちに、残っているお金をただ単に旅行で使うというのが嫌になってきたんです。どうせなら、北欧でクレジットカードの限度額ギリギリまでお金を使おうということで、いろいろ仕入れて日本で売ろうと。売ると言っても交通費や宿泊代を取り戻すぐらいの感覚でした。当初、ビンテージのカップなどをスウェーデンで150万円で仕入れて、ヤフオクなどで300万円で売れればいいかなと思ってたんですが、やっぱりやめて自分でECを作って売ろうということを思ったのが立ち上げのきっかけでした。

立ち上げた2007年当時には、映画「かもめ食堂」やIKEAが上陸するなど、時代がついてきていたのもひとつの追い風でした。今では北欧企業が次々と日本に上陸し、北欧のライフスタイルを良いものとして認知されるようになりましたが、他社が北欧ブームを作ってくれる中で、北欧という分野だけに特化した雑貨店はまだ少なかったこともあり、ECでの売上は徐々に伸びていきました。

やってみてわかったことは、**ECサイトは時間経過が味方してくれるビジネス**だということ。継続的に顧客のリストがたまればたまるほど、ビジネスは好転していくんです。2008年には楽天ショップを開設。2010年になると売上全体の35%は楽天経由になっていました。この時点で、当初から目標としていた月商1000万円を達成しましたが、2011年ごろから北欧ではないものも売り始め、振り返ってみるとこのころが一番しんどい時期だったかもしれません。次々と投入しなければならない広告費、楽天経由ショップへのマージンなど、いろいろな面で無理をしていたと思います。このとき思い切って楽天ショップを撤退し、その後順次アフィリエイト広告やリスティング広告からも撤退したんです。そうすることによってそれまで売上高に対して15%程度かけていたマーケティング予算をほぼゼロにすれば、さらに営業利益も20%弱を目指せることがわかりました。そして、**ターゲットを「買う人」や「買いそうな人」ではなく「買わない人」に据えよう**と決めたんです。そのうえで、その人たちが楽しめる場所にしたいと思いました。

雑誌はおもしろく書く。だから買いにくい商品がそろっていると思うんです。逆にECは買ってもらいやすいように書く。だからおもしろみがないと思っています。この中間を行けないものかと考えたんです。**500円の商品でも3万円の商品でも同じように手間をかけてコンテンツ化し、決して単品の利益だけでは見ないことにしています。**売ろうとしていないため、ランキングやレビューすらありません。仮にルイ・ヴィトンがECをやるとして、ランキングやレビューは決して載せないはずです。「北欧、暮らしの道具店」はメディアのようなECであり、ECのようなメディアを目指しています。そのため、メディアの責任者は編集長ではなく店長という意識を持っています。

私たちが「売ろうとしないウェブサイト」を目指した結果、「北欧、暮らしの道具店」のウェブサイトは月間1500万～1600万PVで、160万UUという規模に成長しました。**顧客がものすごく熱狂しているわけではなく、「ほんのり好き」という状態を作れていると思っています。一部の熱狂している人たちだけを見るのではなく、その一歩外の人たちと仲良くしたいんです。**

あらゆる差別化要因の基本的なものは、「商品スペック」と「コスパ」と「希少性」です。しかし、こうした要素は永続的な差別化要因にはなりえません。自社製品よりもコスパの高いものは恐ろしいほど存在するし、クオリティや希少性もずっと続くものではない。そのうえで、**最後に残る差別化要因は「ＷＨＯ」**なんです。つまり**「誰がどんな想いで売っているのか」ということです。**営業マンは「商品を売る前に自分を売れ」ということをよく言われますよね。そういう意味ではナンバーワンでも一番安い商品でもなく、合理的な競争力のないものを売るから営業マンは大変なんです。そもそも最高もしくは最安の商品なら営業マンは必要ありませんから。

そういった**永続的な差別化要因がない中では、「主語で売るしかない」**と思っていますす。テレビの通販番組で有名人が売っているのは、有名人であることが重要なのではなく、**「知っている人」が売っているから売れている。それ自体が人の耳を傾ける要因になっています。**ただし、いくら主語で語ろうが、社員を外に出そうが、**その人のエピソードが想起されなければ意味がありません。**もちろんレシピやレビューコンテンツは多くの人に見られています。一方でエピソードコンテンツは、それだけはアクセスが多くないですが、**そのコンテンツが存在すること自体が重要**になってきます。

社員には、「書きたいこと」でも「読まれそうなこと」でもなく、**「読みたいもの」**を書いてほしいと言っています。自分が読者だったら絶対「読みたい」と思うコンテンツが作れれば、自分と似た価値観、美意識の人には確実に刺さるものが作れるはずです。

効果測定については、過去20回以上訪問者が純増していて、割合（構成比）は変わっていないかどうかをマンスリーでチェックしています。つまり、継続的に訪れている顧客がちゃんと増えているかどうかを見るようにしています。

「北欧、暮らしの道具店」はブランデットコンテンツが好評をいただいているのですが、スタンスとしては、「お礼を言われる広告をやろう」と社内で言っています。もともと**消費者は嘘と退屈が嫌い**です。企業の見せたいがんばりや想い、開発者の汗、真摯な姿勢、秘話といった「本当」を「おもしろく」語れば読者が「教えてくれてありがとう」と言ってくれるようなブランデットコンテンツを作ることは可能だと思っています。

CASE
4

カゴメ「18万のファン株主に見守られ、開かれた企業を目指す」

トマトケチャップやトマト・野菜ジュースなどで国内ナンバーワンのシェアを誇るカゴメは２０００年に新たな企業理念を掲げ、個人株主を増やす施策を積極的に展開してきた。その結果、食品メーカーとしては最大規模の約18万（２０１７年12月末）もの「ファン株主」と向かい合いながら経営を行っている。カゴメ東京本社 経営企画本部 経営企画室 広報グループの北川和正氏に、ファンであり、株主でもある顧客とのコミュニケーションについて伺った。

カゴメは１９９６年に創業家以外の者がはじめて経営のトップになりました。その後、「新・創業」計画を立ち上げ、2000年に新たな企業理念として「感謝」「自然」「開かれた企業」を掲げました。理念を決めるときには経営陣が泊まり込みで議論を重ねたと聞いています。非常にシンプルなこの理念は、毎朝事業所で復唱したりするというかたちではなく、働く者ひとりひとりが判断に困ったときに、立ち戻って考えることができるものとして機能しています。

私たちが取り組んでいる「お客様ファン株主政策」というのは、この「開かれた企業」という理念の具現化になります。開かれたというのは、お客様、株主様、契約農家の皆様など、すべてのステークホルダーに対してです。中でも当社にとって、**商品を普段からお使いいただいているお客様と、カゴメという企業を応援してくださっている株主様は別々ではなく、表裏一体の存在であると考えています。**普段の生活でカゴメの商品や企業活動を実感し、カゴメの企業価値をしっかり見ていただきたい。そのうえで当社を応援し続けていただきたいというのがこの取り組みの目的です。

個人株主数を増やすために2001年から本格的に活動を開始し、株式を購入する単位（単元株式数）を100株単位からにして個人の方も買いやすい環境を整えました。２００５年度に個人株主数は10万名、２００９年度に15万名を突破しました。その後２０１４年度に20万人の大台に乗った後、現在は約18万名（２０１７年12月末時点）となっています。取り組みの成果として企業価値が高まり、株価が上がっていくと手放す方も出てきます。それでも18万という数の個人株主に見守られ、支えていただいている。この個人株主数は食品メーカーの中では最大規模となっています。**約18万もの方々の目が私たちを見ているわけですので、自ら律していかなければならない。そこから社内にはいい意味での緊張感が生まれたと思います。**

株主への利益還元としては配当金がありますが、当社製品の詰め合わせをお届けする株主優待品は、**株主への利益還元ではなくてコミュニケーションの一環**として行っているものです。毎年4月と10月に、１００株以上１０００株未満の方には１０００円相当、１０００株以上の方には３０００円相当の品物を送っています。入っているのは、カゴメがお客様とコミュニケーションしたい商品です。わかりやすく言えば、なるべく新商品を入れてそれをお召し上がりいただきたい。18万の株主にお送りするのでコストはかかりますが、やり続けているのは、コスト以上にメリットがあるからなんですよね。

たとえば、2017年6月末時点での株主様にお送りした優待品には、業績を牽引している「野菜生活100 スムージー」を入れています。「カゴメ野菜ジュース」は1973年から販売しているのですが、2017年から「機能性表示食品」としてあらためて売り出したので「こんな商品が出ました。ぜひ期待していてください」というメッセージを込めてお送りしました。

また、直接お客様とコミュニケーションする機会も大切にしています。毎年開催する株主総会は本社のある愛知県で行いますが、2000名以上の株主様が来場されます。議事会場を出たところに商品や取り組みを紹介するパネルを設置し、その前に執行役員が立って直接、株主様に説明します。また、カゴメはジュースなどの加工品だけではなく、生鮮のトマトやベビーリーフも生産・販売しています。加工工場だけでなく、トマトを栽培している菜園に来ていただく見学会も年数回開催しています。写真を見ると整然とトマトが並んでいる様子は工場のように見えるかもしれませんが、自然の太陽光をふんだんに取り込める設計になっていて、訪れた方は皆さん驚かれます。

もうひとつは「社長と語る会」ですね。こちらは2014年から始めていて、2017年は東京、名古屋、大阪、北海道で開催しました。10名ほどの株主様をお招きして同じテーブルに座って社長から説明をし、ひとしきりご質問などいただいて対話した後、別会場で商品を使った懇親会も行います。**株主様からは業績について鋭い質問を受けることもあります。そういう場合も、「現在の課題はこうで、このように取り組んでいます」ということを社長自ら説明します。そういう姿は社員から見ていても心強いですね。**

現在、個人株主の構成比を性別で見ると、女性の方が多くなっています。また年齢で見ると、だんだん高齢の方が増えてきている。株主の方は株をお持ちでない方よりもたくさんカゴメの商品を買っていることはデータから明らかです。カゴメとしてはファン株主の方々との関係をこれからも継続していきたい。そのため、現在**「三世代ファン株主政策」**というかたちで、株主様、お子様、お孫さんにもカゴメのことを見ていただき、理解していただく取り組みを進めています。具体的には工場や菜園の見学の際に「株主様とお子様」「株主様とお孫様」を参加条件にしたり、不定期ですが親子料理教室も開催しています。

もうひとつ大きなプロジェクトとして、長野県富士見町にある工場に隣接した広大な遊休地に、「カゴメ野菜生活ファーム富士見」を建設する計画があります。オープンは2019年4月の予定です。そこではトマトの栽培、収穫が体験できるゾーンがあり、工場見学やそのエリアで栽培した食材を使った料理を味わうことができます。私たちは「トマトの会社」から「野菜の会社」に生まれ変わろうとしています。この野菜のテーマパークを訪れれば、カゴメがやろうとしていることを実際に体験することができると思いますので、期待していただきたいですね。

おわりに

誰も知らない明日へ

顧客とブランドのエンゲージメントは、企業どうしの契約関係のようにルールが存在するものでもないし、そのルールを破ることによる罰則が存在するわけでもない。人々は日々の生活の中で、自分の好きなタイミングでブランドに近づくし、ときには一定の距離を保ち続けたりする。ブランドに近づくのも離れるのもすべて顧客の自由だ。ユーザーの行動が追跡できるようになればなるほど、ブランドは常に顧客を柵の中に留めておきたがるが、人と人との関係がそうであるように、その距離感は常に変わっていく。ブランドにできることは、継続的な活動によって、彼らが興味を持ってくれたときに近づきたいと思えるような「場」をどうデザインするかということなのだ。

顧客の熱狂を考えることは、決して新しい手法でもなければ、マーケティングの一時的なバズワードでもない。それは、もともとあるべきマーケティングの本来の姿を取り戻す活動だ。自分たちが本当に好きな人に、相手からも好きだと思ってもらえるようにするために、継続的な活動によって期待値を作り続けていく努力そのものだ。

「自分にとって意味のある生活」「自分にとって意味のある人生」がより重視され、人々がそこに付与する「意味づけ」を中心とした経済圏はますます発展していくだろう。そして、その意味づけはインスタグラムのハッシュタグのような形で行われる。思いついた言葉でタグを付けると、そのタグを通じて人々や情報がつながり、タグを消せばそのつながりは消える。インスタグラムは、ユーザー自身が編集できる雑誌のようなものだ。編集者ではなく、ユーザーが見たい情報、知りたい人を自分のタイムラインにアサインできる。

この先、ますます人の感情が見える化していくと、オンラインの「いいね!」という リアクションに留まらず、感情経済が実体化して、人・モノ・カネ・情報を動かしていく世の中に入っていくだろう。クラウドファンディングによる事業創造はすでに普及してきているし、さらにその先、ブロックチェーンによる革命は、もしかしたらそれをより加速させるかもしれない。

このような社会で、ひとりの人間の中にある熱量にどう寄り添っていくか。様々なCtoCのプラットフォームが個人をエンパワーしていくことで、人は評論家にもなれるし、編集者にも、スタイリストにも、マーケターにもなれる。メルカリでどうやったらモノが売れるか、商品写真をどう撮ったらいいかを電車の中で学生が話し合う時代。それは「自撮り」によって、カメラのレンズが向けられる方向が180度変わったときから始まった。彼らを「消費者」とみなして、これまでどおりのコミュニケーションを続けることのリスクはかつてないほど大きい。マーケターがそのときに下す判断は企業の成長を左右するだろう。

この本の出版は、本当に多くの方の力によって実現した。執筆にあたって挑戦の機会を与えてくれたトライバルメディアハウス代表の池田さん、このタイミングで感謝を言うのはなんだかまだ早い気がしますが（笑）、常に挑戦の機会を与えていただきありがとうございます。引き続き時代が変わってもマーケティング活動の中での「キズナ」をデザインし続けることに挑戦していきます。この本の中に掲載した数多くのナレッジを生み出してくれたトライバルメディアハウスのみんな、社内ラボの「熱研」メンバーのみんな、『熱狂顧客戦略』はみんなが汗をかき、涙を流した（本当に涙を流して泣いたときもあったね！）プロジェクトの中で、その経験と知識が凝縮されたひとつの結晶です。これからもチームで一緒に次の景色を見に行きましょう。また、多くの財産をトライバルメディアハウスに残していった卒業生の皆さん、『熱狂顧客戦略』は、トライバルメディアハウスの10年の歴史の上に築かれたマーケティングコンセプトです。その歴史を共にできた皆さんに感謝してもしきれません。

そして、「熱狂」という言葉をキーとして一緒に考えてくれた翔泳社の井浦さん、意見を交わしながら、意味の整理や言語化を一歩ずつ進めることができました。

最後に、今回インタビュー取材を引き受けていただいた企業の皆さまは僕たちの伝説であり希望です。これからも伝説の続きが見続けられることを願ってやみません。

明日は誰も知ることができない。だからこそ、本当に大切な顧客と進んでいこう。その先に見たことのない未来があると信じて。

高橋　遼

読者特典のご案内

熱狂顧客についての調査データを紹介した、本書の第8章「調査データで見る業界別・顧客熱狂度」をPDFとしてダウンロードすることができます。資料としてご活用ください。

ダウンロードURL

https://www.shoeisha.co.jp/book/present/9784798154596

本書に関するお問い合わせについて

翔泳社では、読者の皆様からのお問い合わせに適切に対応させていただくため、以下のガイドラインへのご協力をお願い致しております。下記項目をお読みいただき、手順に従ってお問い合わせください。

●ご質問される前に

弊社Webサイトの「正誤表」をご参照ください。これまでに判明した正誤や追加情報を掲載しています。

正誤表　http://www.shoeisha.co.jp/book/errata

●ご質問方法

弊社Webサイトの「刊行物Q&A」をご利用ください。

刊行物Q&A　http://www.shoeisha.co.jp/book/qa/

インターネットをご利用でない場合は、FAXまたは郵便にて、下記"翔泳社 愛読者サービスセンター"までお問い合わせください。電話でのご質問は、お受けしておりません。

●回答について

解答は、ご質問いただいた手段によってご返事申し上げます。ご質問の内容によっては、回答に数日ないしはそれ以上の期間を要する場合があります。

●ご質問に際してのご注意

本書の対象を越えるもの、記述個所を特定されないもの、また読者固有の環境に起因するご質問等にはお答えできませんので、予めご了承ください。

●郵便物送付先およびFAX番号

送付先住所　〒160-0006　東京都新宿区舟町5

FAX番号　03-5362-3818

宛先　（株）翔泳社 愛読者サービスセンター

※本書に記載されたURL等は予告なく変更される場合があります。

※本書の出版にあたっては正確な記述につとめましたが、著者や出版社などのいずれも、本書の内容に対してなんらかの保証をするものではなく、内容やサンプルに基づくいかなる運用結果に関してもいっさいの責任を負いません。

※本書に記載されている会社名、製品名はそれぞれ各社の商標および登録商標です。

［著者紹介］

高橋 遼（たかはし りょう）

トライバルメディアハウス チーフコミュニケーションデザイナー
1983年生まれ。鳥取県出身。2007年、慶應義塾大学総合政策学部卒業。広告会社を経て、2010年にトライバルメディアハウスへ参画。企業のマーケティング戦略構築、プロモーションプランニングおよび実行に従事。これまでに大手航空会社、ファッションブランド、スポーツブランド、化粧品ブランド、飲料メーカーなどを担当。

DTP　BUCH⁺
編集　井浦　薫（翔泳社MarkeZine編集部）

熱《ねっ》狂《きょう》顧《こ》客《きゃく》戦《せん》略《りゃく》（MarkeZine《マーケジン》 BOOKS《ブックス》）
「いいね」の先にある熱が伝わる
マーケティング・コミュニケーション

2018年2月15日　初版第1刷発行
2020年4月 5日　初版第2刷発行

著　者　トライバルメディアハウス 高橋 遼
発行人　佐々木幹夫
発行所　株式会社翔泳社（https://www.shoeisha.co.jp/）
印刷・製本　株式会社廣済堂

ISBN978-4-7981-5459-6　Printed in Japan